미륵삼부경

미륵상생경, 미륵하생경, 미륵대성불경

큰글씨 한글경전

미륵삼부경

2021년 4월 5일   초판 1쇄 발행

지은이   경전연구모임
펴낸이   이규만
디자인   B&D
펴낸곳   불교시대사

출판등록   1991년 3월 20일 제300-1991-27호
주소   (우)03149 서울시 종로구 인사동 7길 12 백상빌딩 1305호
전화   02-730-2500
팩스   02-723-5961
이메일   kyoon1003@hanmail.net

ISBN 978-89-8002-163-5   04220
ISBN 978-89-8002-161-1   04220(세트)

미륵삼부경
미륵상생경, 미륵하생경,
미륵대성불경

경전연구모임

불교시대사

1% 나눔의 기쁨

《미륵삼부경》에 대한 해설

미륵삼부경은《불설관미륵보살 상생도솔천경(佛說觀彌勒菩薩 上生兜率天經)》《불설미륵하생경(佛說彌勒下生經)》《불설미륵대성불경(佛說彌勒大成佛經)》이렇게 세 경전으로 이루어져 있다. 이 삼부경과 더불어《관미륵보살하생경》《미륵하생성불경》《미륵래시경》의 세 가지 경전을 더해 미륵육부경으로 일컫기도 한다.

미륵경전이란 석가모니 부처님의 제자 중 한 사람이라고 알려진 미륵보살이 다음 세에 미래불로 출현, 깨달음을 얻어 모든 중생들을 제도한다는 것이 중심된 내용이다. 이런 미륵사상

이 정립된 미륵경전은 크게 도솔천에 태어난다
는 상생사상과 미륵 부처님께서 56억 7천만 년
이후 사바세계에 다시 태어나 용화수 아래 설법
하신다는 하생사상으로 나누어진다.

　이런 믿음의 형태를 미륵신앙이라고 하는데,
이 미륵신앙의 역사는 인도에서 비롯되었다. 미
륵신앙이 비롯되면서 경전이 성립된 시기는 대
개 B.C 2세기에서 1세기 무렵으로 추정된다. 미
륵 부처님을 신앙의 대상으로 하는 이 신앙은
인도뿐만 아니라 서역에서도 널리 성행하였는
데, 당나라의 현장스님의 《대당서역기》에 의하
면, 그곳에는 많은 미륵불상이 절에 모셔져 있
다는 구절로 미륵신앙 발생연도를 추정해 볼
수 있다. 앞서 말한 바와 같이 미륵 부처님에 대

한 미륵경의 내용은 상생과 하생으로 나뉘어지
고, 또 다른 내용상의 특징은 역사상의 실재인
부처님의 제자로서 미륵보살이 수행하다가 석
가모니 부처님께 수기를 맡은 후 반드시 성불
하게 되리라는 수기를 받고 미래불로 나타나는
점을 들 수 있다. 이런 내용들은 미륵삼부경, 미
륵육부경에서만 볼 수 있는 것이 아니라,《증일
아함경》,《현겁경》에서도 나타난다. 이런 점으
로 미루어본다면 미륵삼부경은《아함경》,《현
겁경》의 영향도 받지 않았나 짐작할 수 있다.

　그러면 미륵삼부경의 구성은 어떻게 이루어
져 있는가. 미륵 부처님께서 앞으로 이 사바세
계에 내려온다는 내용의 경전이 하생경이다.
그리고 미륵 부처님께서 도솔천에 왕생하는 내

용을 설하고 있는 경전이 상생경이다. 원래 우리의 현세불 석가모니 부처님의 회상이 오랜 세월을 거치면서 정법·상법·말법시대를 지나면 사회는 극도로 혼란해지고 사람들은 사악해져 끊임없는 재변이 일어난다고 다른 경전에서도 설하고 있다. 이런 고통스런 상황에서 사람들은 인과의 도리를 새로이 깨달아 십선(十善)을 닦게 되므로 세상은 고통에서 벗어나 좋은 세상이 펼쳐진다고 미륵계통의 경전은 설하고 있다.

그렇다면 어떤 세상이 살기 좋은 세상인가? 사람들의 복덕이 증진되고, 수명이 늘어나며, 모든 곡식 또한 풍성해지고 서로 물욕으로 인하여 다툼이 없는 세상이야말로 미륵 부처님이

하생하실 만한 좋은 세상이라고 당시 인도의
사람들은 생각했던 것이다.

　이 때가 되면 미륵 부처님께서 도솔천으로
부터 이 땅에 태어나셔서 용화수나무 아래에
서 깨달음을 이루고, 제삼회(세 차례)의 설법으
로 상·중·하근기의 중생들을 제도하신다고
하였다. 이 때가 되면 이 세상은 더 말할 나위없
는 낙원과도 같은 곳으로 변할 것인데, 이곳에
사는 중생들의 수명은 8만 세나 된다고 하였다.
미륵 부처님께서 용화수 아래에서 설하신다는
세 차례의 설법은 지난 과거세에 석가모니 부
처님께서 석가모니 부처님께 제도받지 못했던
중생들을 모두 제도할 것이라는 앞으로 다가올
희망이다.

하생경의 주요 내용은 바로 이런 희망의 가르침이다. 우리가 미륵 부처님을 미래불, 다음 세상의 구세불로 높이 받드는 까닭은 바로 이런 구원에 대한 희망 때문이고 미륵 부처님이야말로 그 모든 일을 이루어 주실 각자(覺者)이시기 때문이다. 이런 하생신앙과 더불어 상생경의 바탕이 되는 상생신앙의 갈래는 미륵 부처님을 믿고 따르는 모든 중생들도 미륵 부처님이 계신다는 도솔천에 왕생할 수 있다는 믿음의 표현이다. 사람들은 도솔천을 불국토의 이상향, 유토피아로 생각했다.

이런 미륵 부처님을 향한 미륵신앙은 인도와 서역을 거쳐 대개, 4세기 경부터 중국에서 널리 성행하게 되었다. 중국을 거쳐서 불교를 받아들인 우리나라는 초기부터 미륵신앙에 대한 관심이 높았다는 사실을 《삼국유사》의 숱한 이야기들을 통해 익히 알 수 있다.

신라에서는 화랑을 미륵선화라고 하였고, 화랑을 따르는 무리는 용화낭도, 용화향도, 즉 미륵 부처님께 향을 사르는 자라고까지 한 것으로 미루어 미륵신앙이 국가적인 차원에서도 그 기세가 만만치 않았다는 것을 알 수 있다.

더욱이 노힐부득과 달달박박이 미륵 부처님으로 화현했다는 《삼국유사》의 이야기는 당시 사람들의 믿음의 한 자락을 살피게끔 하는 예화라고 할 수 있다.

그런가 하면 백제의 미륵신앙은 더한층 구체적이고 적극적인 형태로 나타났는데 바로 이

땅 위에 용화세계를 구현한다는 믿음이었다.

　백제에 세워졌던 미륵사는 이런 믿음을 잘 드러낸 절로, 36년 간이나 국력을 다해 지었다고 한다. 미륵사에서 미륵삼존을 모시고, 용화세계의 삼회설법을 그대로 구현하겠다는 것이 바로 백제인들의 생각이었다는 사실을 알 수 있다. 이런 미륵신앙은 시대가 흐를수록 민중들에게는 가장 친숙한 사상으로 자리잡아 갔고, 나아가서는 해원사상(解寃思想)으로까지 변하여 갔다. 고려 무신정권 때 노비들의 난에서 노비들이 미륵불의 재림을 재현한 것이라든지, 조선조 무수한 반란의 가운데서도 민중들이 간절히 기다리고 도래하기를 희망하였던 것은 바로 미륵 부처님의 세상, 아무런 고통과 걱정이 없다는 땅이었다.

이런 생각은 최근세에까지 이어져, 우리 근대사의 한 고비 동학혁명에서도 잘 드러나고 있다. 그러나 미륵신앙에서 나타나는 이런 구세적인 본래의 미륵신앙의 성격이 많이 왜곡되거나 훼손되어 온 것도 사실이다. 그러나 우리는 우리민족의 신앙사와 밀접한 연관을 맺고 있는 미륵신앙 중 무엇보다도 그 근본사상을 경전을 통해 살피고, 다양하게 나타나는 신앙의 여러 형태를 새로운 눈으로 지켜보아야 할 것이다.

차례

미륵상생경

이와같이 나는 들었다.

부처님께서 사위국 기수급고독원(祇園精舍)에 계실 때였다.

하루는 초저녁에 부처님의 온 몸이 금빛광명으로 빛났다. 그 광명은 고독원을 일곱 겹으로 두르고 수닷타장자[1]의 집을 비추어 금빛으로 물들였다. 노을빛 같은 금빛광명은 사위국을 돌면서 곳곳마다 금빛연꽃을 비처럼 흩날렸고 그 광명 속에 백천의 부처님이 나투시어 다같이 한 소리로 이렇게 말씀하셨다.

---

1) 수닷타장자: 사위성의 부호로 기원정사를 지어 부처님께 드렸음.

"이 모임 이 자리에
일천보살들이 있으니
제일 먼저 성불하신 부처님
그 이름 구류손부처님이여.
이 모임 이 자리에
일천보살들이 있으니
제일 나중 성불하실 부처님
그 이름 누지부처님이여."

말씀이 끝나자 아야교진여[2] 존자는 곧 선정에서 일어나 2백 5십 권속을 거느리고 있었고 마하가섭존자와 대목건련존자와 사리불존자도 각각 권속 2백 5십 인을 거느리고 있었다.

---

2) 아야교진여: 부처님께서 출가하여 고행하실 때 모시던 5비구중 한 사람.

마하바사바제[3] 비구니는 권속 2천 비구니를 거느렸고 수닷타장자는 3천 우바새와 함께 계셨다. 비사카모[4]는 2천 우바이와 함께 계셨다. 또 발타바라보살마하살은 권속 16보살과 함께 계셨고 문수사리보살은 5백 보살과 함께 계셨다. 또 천인·용·야차·건달바 등 온 대중들이 부처님의 광명을 보고 구름처럼 모여들었다.

그 때 부처님의 입으로부터 갖가지 광명이 비치었다. 그 낱낱의 광명마다 천 가지 빛깔이 있고 한 빛깔 속마다 각각 한량없는 화신불이 계셨다. 이 모든 부처님들이 한 목소리로 거룩한 보살네의 심오하고 불가사

---

3) 마하바사바제: 마야부인의 동생으로 부처님을 기른 이모. 교단 최초의 비구니.

4) 비사카모: 녹자모(鹿字母). 비사카는 별의 이름. 이 여인의 생일이 별에 해당하므로 이 이름을 가졌음.

의한 다라니[5]법을 말씀하셨다. 그 다라니는 곧 아난타목카다라니 · 공혜다라니 · 무애성다라니 · 대해탈무상다라니 등이었다.

그 때 부처님께서 한 소리로 백억 다라니를 한 번에 말씀하시었는데 대중 가운데 있던 미륵보살은 부처님의 이 말씀을 듣고 그 자리에서 백만억 다라니법문을 얻으셨다. 그리하여 곧 자리에서 일어나 옷을 바로 하시고 공손히 깍지 끼어(叉手) 합장하고 부처님 앞에 섰다.

그 때 우바리(優波離)존자가 자리에서 일어나 머리를 조아려 절한 뒤 부처님께 이렇게 여쭈었다.

"부처님이시여, 부처님께서 전에 율장(律

---

5) 다라니: 총지 · 능지 · 능차라 번역. 능히 무량무변한 이치를 거두어 잃지 않는 생각과 지혜의 힘.

藏)과 경장(經藏)을 말씀하실 때 미륵보살이 이 다음에 부처를 이루리라 하셨습니다. 그러나 미륵보살은 이렇게 범부의 몸 그대로여서 모든 번뇌(漏)를 끊지 못하였습니다. 이 사람이 목숨을 마치고 나면 장차 어떤 곳에 태어나게 되는 것이옵니까?

부처님이시여, 이 사람이 오늘날 비록 출가를 했으나 선정을 닦지 못하여 번뇌를 끊지 못하였는데 부처님께서는 이 사람이 틀림없이 성불할 것이라고 수기(授記)를 주셨습니다.

이 사람이 목숨을 마치면 장차 어느 나라에 태어나서 어떤 중생들을 어떻게 교화하게 되나이까."

부처님께서 우바리에게 말씀하셨다.

"자세히 듣고 잘 생각하라. 여래가 이제

너희들에게 '더 위없이 가장 옳게 다 깨달음'[6]을 이룰 미륵보살의 수기에 대하여 말하리라.

미륵이 지금부터 12년 뒤에 목숨을 마치면 반드시 도솔천(兜率天)에 왕생할 것이다. 그 때 도솔천에는 아주 거룩한 보시바라밀을 닦은 5백만억의 천인들이 있을 것이며 그들은 이런 결심을 할 것이다.

'한 생 후에 부처될 보살님(一生補處菩薩)에게 하늘의 복력과 정성을 다해 궁전을 지어 공양하리라.'

그리고는 곧 전단마니보배로 된 관을 각각 벗어들고 무릎 꿇어 합장하고 이렇게 발원할 것이다.

---

6) 더 위없이 가장 옳게 다 깨달음: 즉 아뇩다라삼먁삼보리를 뜻함.

'저희가 이제 이 값진 보배와 하늘관(天冠)으로 위대하신 미륵보살께 공양하려는 까닭은 미륵보살이 멀지 않은 내세(來世)에 아뇩다라삼먁삼보리심을 이루실 어른인 때문입니다.

저희가 저 부처님의 거룩한 세계에서 수기를 받게 되려면 저희들의 이 보배관이 궁전이 되고 필요한 여러 가지로 변하여 공양되어지이다.'

천인들이 무릎 꿇고 이렇게 발원하고 나면 저들의 보배관이 다 각각 5백만억 보배궁전으로 변할 것이다.

이 보배궁전들은 모두 일곱 겹으로 둘러싸이고 모든 담들은 다 일곱 가지 보배로 이루어질 것이다.

또 저 많은 보배에서 5백억 가지 광명이

흘러나오고 낱낱의 광명 속에는 5백억 연꽃이 있을 것이다.

또 한 연꽃마다 5백억 개나 되는 아름다운 나무들이 생겨날 것인데, 이 나무들 역시 다 일곱 가지 보배로 되었을 것이며 보기좋게 줄지어 있을 것이다.

낱낱의 나뭇잎에서는 5백억 가지 보배빛이 나오고 낱낱의 보배빛 속에는 염부단 사금(砂金) 같은 5백억 광명이 있을 것이다.

5백억 사금광명 속으로부터 5백억의 아름다운 천녀들이 나와서 모두 백억 가지 보배와 수없는 영락(瓔珞)을 가지고 나무 밑에서서 미묘한 음악을 연주할 것이다. 그 음악은 때때로 '물러남 없는 진리의 법'(不退轉地法輪)을 연설하게 되느니라.

또 그 나무에 수정빛깔의 열매가 열리는

데, 온갖 빛깔들이 다 그 수정빛깔의 열매 속으로 들어가서 한 덩어리가 된다. 한 덩어리가 된 광명들은 다시 오른쪽으로 돌면서 여러 가지 아름다운 소리로 대자대비한 부처님의 법문을 말하여 주리라.

궁전의 모든 담은 그 높이가 62유순이고 두께는 14유순인데, 5백억 용왕이 담을 둘러싸고 일곱 가지 보배로 된 5백억 보배나무를 비처럼 내리어 담을 장엄할 것이다. 자연히 바람이 불어와서 이 나무들을 스치게 될 것인데, 그러면 나무들이 흔들리면서 이런 소리를 울리리라.

'이 세상의 모든 것은 끝내 괴로운 것이고 삼라만상은 인연으로 모였을 뿐, 다 헛된 것이다. 만유는 그 실체가 없으므로 오직 무상한 것이요, 일체의 존재는 헛되어 실재가 없

으므로 필경 나와 내 것도 없느니라.'

이런 '네 가지 큰 진리'와 모든 바라밀을
연설해 주느니라.

그 때 궁전에 뇌도발제라는 큰 하늘신이
있으리라. 그는 자리에서 곧 일어나 시방(十
方)의 모든 부처님께 두루 예경하고 이렇게
발원할 것이다.

'저의 복력으로 미륵보살을 위하여 거룩
한 법당을 지을 수 있다면 저의 이마에서 구
슬이 저절로 생겨지이다.'

이렇게 발원하고 나면 뇌도발제의 이마
에서 저절로 5백억 보배구슬이 쏟아져 나
와, 유리·수정 등의 온갖 빛깔이 없는 것
없이 갖추어질 것이다.

이 구슬들은 속과 겉이 환히 들여다 보이
고 검붉은 남빛으로 빛나는 '자감마니 여의

주(紫紺摩尼如意珠)'와 같은 것인데, 이 여의주 구슬이 허공을 돌면서 마흔아홉(四十九) 겹으로 된 미묘한 보배궁전을 만들 것이다.

보배궁전의 난간들은 억만 가지 범천의 보배구슬(梵摩尼寶)로 이루어지고 모든 난간 사이에는 9억 하늘남자와 5백억 천녀들이 화생할 것이다.

천인들의 손에서 일곱 가지 보배로 된 무수억만 송이의 연꽃이 생길 것이니, 하나하나의 연꽃마다 무량억만 광명이 나오고 낱낱의 광명 가운데 온갖 악기가 갖추어져 있어서 연주하지 않아도 저절로 미묘한 하늘 음악이 울려나올 것이다.

그러면 천녀들은 여러 가지 악기를 들고 아름다운 목소리로 노래하고 춤을 추리라. 그 노래는 곧 열 가지 착한 일(十善)과 네 가지 큰 원(四弘誓願)⁷⁾을 연설하는 법문이어서, 이 노래를 듣는 이는 다 '더 위없는 도심'(無上道心)을 일으키게 되느니라.

또 저 세상의 동산에는 여덟 가지 빛깔의 찬란한 유리개울이 있을 것이다. 개울들은 다 5백억 보배구슬로 만들어졌고 개울을 흐르는 물은 여덟 가지 진귀한 맛과 여덟 가지 미묘한 빛깔을 낼 것이다. 또 그 물이 집 안의 벽 위로 솟아 올라가서 들보와 기둥사이를 흘러다닐 것이며, 집 밖의 사대문 밖에는 네 가지 묘한 꽃이 있어서 그 꽃 가운데로부터 물이 흘러나오게 되므로 마치 보배꽃이 굴러가는 것 같은 장관을 이루느니라.

---

7) 네 가지 큰 원: 사홍서원. 모든 보살이 다함께 일으키는 원. ①모든 중생을 제도하기를 서원함. ②모든 미혹을 끊기를 서원함. ③부처님의 모든 가르침을 배우기를 서원함. ④완벽한 깨달음을 얻기를 서원함.

그리고 꽃송이마다 보살의 장엄스런 모습처럼 생긴 스물네 명의 천녀들이 손에 5백억 보배그릇을 받들고 있을 것이다. 그 보배그릇마다 하늘나라의 한량없는 영락을 걸치고 오른쪽 어깨에 무수한 악기를 메고서 구름이 허공에 머물 듯 물 속으로부터 아무 걸림없이 나와서 보살의 육바라밀을 찬탄하리라. 그리하여 누구든지 저 도솔천에 태어나는 사람이면 다 이렇게 천녀들이 와서 받들어 주는 섬김을 받느니라.

또 일곱 가지 보배로 된 사자좌(獅子座)가 있을 것이다. 그 높이는 4유순이고 염부단의 사금 같은 무수한 보배로 장엄되었으며 네 귀퉁이에서는 네 가지 묘한 연꽃이 피어 나올 것인데, 연꽃마다 백 가지 보배로 이루어져서 아주 미묘한 백억 가지 광명을 낼 것이다. 그 광명은 다시 5백억 가지 보배로 된 가지가지 꽃으로 변할 것이며, 그러면 이 보배꽃들이 사자좌의 장막으로 장엄하게 되느니라.

그 때 시방(十方)의 백천 범왕(梵王)들이 범천의 묘한 보배를 하나씩 가지고 와서 보배방울을 만들어 보배장막 위에 매달 것이다. 또 범천의 소왕(小王)들도 여러 가지 하늘보배를 가지고 와서 사자좌 위에 펼 것인데, 저 모든 연꽃으로부터 5백억 옥녀가 저절로 생겨나와서 흰 채(拂子)를 쥐고 장막 안에 서 있게 되느니라.

궁전의 장엄은 그뿐만이 아니다. 궁전의 네 귀퉁이에는 보배로 된 기둥이 있다. 그 기둥마다 백천 누각이 있고 누각마다 범천의 마니구슬을 엮어 장식하였을 것이다. 백

천 누각 사이에는 말할 수 없이 아름답게 생긴 천녀들이 악기를 들고 서 있을 것인데, 악기에서 나오는 음악소리는 저절로 법문이 되어 울려나올 것이다. 그 소리는 이러하다.

'이 세상의 모든 것은 다 괴롭고, 삼라만상은 인연으로 모였을 뿐, 헛된 것이다. 만유는 그 실체가 없으므로 무상한 것이요, 온갖 것이 다 헛되어 실재가 없으므로 나와 나의 소유가 없는 이치와 모든 바라밀을 설하느니라.'

또 저 궁전이 백억의 무량한 보배빛으로 가득하여 찬란하게 빛날 것이며, 천녀들의 몸도 보배빛깔로 장엄되어 더욱 절묘할 것이다. 그리하여 시방의 한량없는 하늘들이 다 목숨을 마치고 도솔천에 왕생하기를 발

원하느니라.

그 때 도솔천 내원궁(內院宮)에 큰 하늘신
이 다섯이 있을 것이다.

첫째 신의 이름은 보당(寶幢)인데, 몸에서
일곱 가지 보배를 비처럼 내려 궁전 담 안에
뿌릴 것이다. 그러면 그 보배들이 다시 악기
로 변하여 저절로 공중에서 온갖 음악을 들
려주며 그 음악을 듣는 중생들로 하여금 마
음을 한없이 즐겁게 해 주느니라.

둘째 신의 이름은 화덕(華德)인데, 몸으로
온갖 꽃을 비내려 궁전의 담 위를 가득히 덮
을 것이다. 그 꽃들은 다시 꽃일산(華盖)으로
변하며 꽃일산들은 또 백천 개의 깃대와 번
(幡)이 생기어 앞을 이끄는 기치를 갖추게
되느니라.

셋째 신의 이름은 향음(香音)인데, 몸의 털

구멍에서 미묘한 전단향을 뿜어낼 것이다. 그러면 그 향이 구름덩이처럼 되어 백 가지 보배빛을 내고 이 보배빛이 궁전을 일곱 겹으로 둘러 싸느니라.

넷째 신의 이름은 희락(喜樂)인데, 여의주를 비처럼 내려 셋째 신이 세운 깃대와 번위에 머물게 할 것이다. 그러면 그 여의주는, '부처님께 귀의하라.'고 법문할 것이다. 또 오계와 한량없는 선법(善法)과 모든 바라밀을 연설하여 보리심을 일으킨 이들을 더욱 도웁고 이롭게 보살펴 주느니라.

다섯째 신의 이름은 정음성(正音聲)인데 온 털구멍으로 여러 가지 맑은 물을 뿜어낼 것이다. 그러면 그 물방울마다 5백억 가지 꽃이 피고 꽃봉오리마다 스물 다섯 명의 옥녀들이 나타날 것이다. 옥녀들 몸의 온 털구멍에서

는 온갖 음성으로 갖가지 미묘한 음악 소리
를 낼 것인데, 그 음악 소리는 하늘 세상에서
목소리가 제일 아름답다는 '타화자재천(他化
自在天)' 왕후보다 훨씬 더 훌륭하리라."

부처님께서 우바리에게 말씀하셨다.

"이것이 십선을 닦음으로 지극한 복을 받
는 도솔천의 모습이니라. 그러나 한 생이 지
난 후 깨달음을 얻어 성불한 보살이 십선을
닦아서 받을 과보에 대하여 설사 내가 한 소
겁(小劫) 동안 이 세상에 머물면서 쉬지 않고
말한다 하더라도 다 설명할 수 없다. 다만
내가 이제 너희들을 위하여 간략하게 설명
하는 것에 불과하니라."

부처님께서 우바리에게 말씀하셨다.

"만일 비구나 대중 가운데 누구든지 나고
죽는 일을 싫어하지 않고 하늘나라에 왕생

하기를 좋아하는 이, 더 위없는 보리심(無上
菩提心)을 사모하는 이, 미륵의 제자가 되고
자 하는 이는 마땅히 이러한 관(觀)을 닦을
지니라. 이 관을 닦으려는 이는 오계와 팔
재계(八齋戒)와 구족계(具足戒)를 지니고 몸과
마음으로 정진하여 번뇌는 다 끊지 못하더
라도 십선을 닦아 도솔천의 미묘하고 거룩
한 즐거움을 생각할지어다.

이처럼 닦는 관은 바른 관(正觀)이고, 이처
럼 닦지 않는 관은 삿된 관(邪觀)이니라."

그 때 우바리존자가 자리에서 일어나 옷
을 바로하고 부처님 발 아래 절한 뒤 이렇게
사뢰었다.

"부처님이시여, 도솔천에 그렇게 지극한
즐거움이 있사옵니까? 그러면 보살은 언제
이 염부제에서 돌아가시어 그곳에 태어나

시옵니까?"

부처님께서 우바리존자에게 말씀하셨다.

"미륵은 바라나국 거바리촌에 있는 바바리라는 바라문의 집에서 태어났다. 이후 12년 2월 15일이 지나면 거바리촌 고향으로 돌아가 가부좌하고, 선정에 들어 이 세상을 떠날 것이다. 그 때 미륵의 몸은 금빛이 되어 도솔천에 이르기까지 큰 광명이 뻗칠 것이다. 그 밝기는 마치 백천 개의 해가 한꺼번에 빛나는 것 같으니라.

그리고는 몸 그대로 다 사리가 되어 금으로 만들어진 동상처럼, 움직이거나 흔들리지 않고, 몸을 둘러싼 광명 속에는 번뇌의 마구니를 깨부수는 '수능엄삼매'와 무명[8]의

8) 무명(無明): 어리석음, 번뇌 등의 마음의 때로 사물을 있는 그대로 보지 못하는 것.

생사윤회를 벗어나는 반야바라밀[9]의 글자와 뜻이 환히 나타날 것이다.

그러면 모든 사람과 하늘들이 온갖 보배로 묘한 탑을 세워 사리에 공양을 하느니라. 그 때 미륵보살이 도솔천 칠보대에 있는 마니전의 사자좌에 홀연히 화생하여, 연꽃 위에 가부좌하고 앉을 것이다. 몸이 염부단사금[10]같이 빛나고, 키가 16유순이며, 32상과 80종호를 다 갖출 것이다. 정수리 위에 세상사람의 눈으로 볼 수 없는 육계[11]가 있고, 머리털은 검붉은 유리빛깔이며, 머리에는

---

9) 반야바라밀; 6반야밀, 10반야밀의 하나. 반야는 지혜라는 뜻이고 바라밀은 도피안이라고 번역하는데, 이 말은 실상을 살피는 지혜라는 뜻임.

10) 염부단사금: 염부수 사이를 흐르는 강에서 나오는 사금.

11) 육계: 부처님 32상중 무견정상(無見頂相)으로 부처님 정수리에 솟은 상투 모양의 살덩이.

온 세상을 두루 비추는 여의주와 백천만억 견숙가 보석으로 만든 하늘관을 쓰고 있을 것이다.

보배관에서는 백만억 미묘한 빛이 흘러 나오고, 낱낱의 빛깔 속에 무량백천의 화현불이 계신데, 많은 화현보살들이 화현불을 각각 모시고 있을 것이다.

또 다른 세계에서 온 많은 대보살들은 열여덟 가지 신통변화로 마음대로 노닐면서 하늘관 가운데 머무느니라. 또 미륵보살의 두 눈썹 사이에 있는 백호에서 뭇 광명이 뻗쳐나와서, 백 가지 묘한 보배빛을 이루며 32상과 80종호에서도 각각 5백억 가지 보배빛을 내고 그 모든 모습마다 8만 4천 광명을 일으켜, 찬란하게 빛나느니라.

이런 가운데 미륵보살이 천인들과 더불

어 꽃자리에 앉아서 밤낮없이 불퇴전지법
륜[12]을 설하여, 5백억 하늘사람들은 아뇩다
라삼먁삼보리심[13] 무상정변지(無上正遍知)를
일으키느니라.

　미륵보살은 염부제[14]의 햇수로 56억만
년 동안을 도솔천에서 이렇게 설법하여, 밤
낮으로 수없는 하늘사람들을 교화한 뒤, 다
시 염부제에 태어날 것이다.

　이에 대해서는 미륵하생경[15]에 말하였느

---

12) 불퇴전지법륜: 불·보살의 설법을 법륜이라 하는데, 이
　　법륜을 얻으면 물러남이 없다고 함.

13) 아뇩다라삼먁삼보리: 부처님이 깨달은 원만, 평등한 진리.

14) 염부제: 남염부주. 남섬부주라 불리는 수미산의 남쪽.
　　즐거움은 북주, 서주, 동주만 못하나 부처님을 만나 법
　　을 듣기로는 이곳이 으뜸이라 함. 곧 우리가 사는 세상.

15) 미륵하생경: 미륵6부경의 하나. 미륵보살이 당래세에
　　도솔천으로부터 하생하여 용화수 아래에서 성도한 뒤
　　3회의 설법으로 중생을 제도하는 내용을 담은 경.

니라."

부처님께서 우바리존자에게 말씀하셨다.

"이것이 미륵보살이 염부제에서 목숨을 마치고 도솔천에 왕생하는 인연이니라.

내가 열반에 든 뒤에 제자들이여, 부지런히 정진하여 공덕을 닦고, 위의를 지키라.

탑을 쓸고 그 땅을 장엄하고 좋은 향과 꽃으로 공양하며, 여러 삼매를 닦아 깊은 선정에 들며 경전을 외우라. 이같은 수행을 정성으로 하는 사람이면, 비록 번뇌를 끊지 못했더라도 육신통을 얻은 것과 다름없으리라.

또 오로지 한 마음으로 부처님의 거룩한 모습을 생각하고, 미륵보살을 부르거나 한 생각 동안이라도 여덟 가지 재계를 받아 깨끗한 수행을 하고, 미륵보살에 대한 큰 서원을 일으킨다면, 이런 사람들은 다 목숨을 마

치자마자 날쌘 장사가 팔을 한번 펴는 그 짧
은 찰나에 도솔천에 왕생하리라.

그리하여 저절로 연꽃 위에 가부좌하고
앉으면 백천의 하늘사람들이 하늘의 음악
을 울리고, 하늘의 만다라꽃과 마하만다라
꽃을 그 머리 위에 뿌리면서 이렇게 축하할
것이다.

장하도다 어진 이여!
미륵보살님이 주인이시니
그대는 어서 저 보살님께 귀의하라.

이 말을 마치면 곧 자리에서 일어나 미륵
보살님에게 예배할 것이다.

미륵보살님의 두 눈썹 사이 백호에서 나
오는 광명을 보고 90억 겁 동안 지은 죄업

을 다 뛰어넘느니라. 이 때 미륵보살은 중생들의 숙세 인연을 따라 묘법을 연설하여 그들의 마음을 굳세게 해주고, 그들로 하여금 무상도심[16]에서 물러나지 않게 해주느니라.

중생들이 그들의 나쁜 업을 깨끗이 하고, 부처님을 생각하고, 부처님 법을 생각하고, 승가를 생각하고, 도솔천을 생각하고, 계를 생각하고, 보시를 생각하는 육사법[17]을 행한다면 반드시 도솔천에 태어나서 미륵보살을 만날 것이다.

---

16) 무상도심(無常道心): 보리심(菩提心)을 말하며, 위로는 도를 구하고 아래로는 중생을 교화하는 마음.

17) 육사법: 육사성취라고도 함. 보살이 6도의 행을 수행하기 위해 수행하는 6가지. ①보시바라밀을 성취하기 위한 공양 ②지계바라밀을 성취하기 위한 학계(學戒) ③인욕바라밀을 성취하기 위한 수비(修悲) ④정진바라밀을 성취하기 위한 권선 ⑤선정바라밀을 성취하기 위한 이훤(離誼) ⑥지혜바라밀을 성취하기 위한 법락(法樂)

또한 미륵보살을 따라 염부제에 다시 태
어나서, 미륵보살이 성불하면 제일 먼저 법
문을 듣느니라. 또한 미래의 현겁[18]에서도
모든 부처님을 만날 것이며, 이 세계가 무너
진 다음 세상인 성수겁(星宿劫)에서도 1천의
부처님을 만나게 될 것이다.

그리하여 그 부처님들로부터 성불할 것
을 예언하는 수기를 받느니라."

부처님께서 우바리[19]존자에게 말씀하셨
다.

내가 멸도한 후, 비구 · 비구니 · 우바
새 · 우바이 · 천인 · 용 · 야차 · 건달바 ·

---

18) 현겁(賢劫): 겁이란 헤아리기 어려운 오랜 시간. 우주
가 생상되어 허공이 되기까지를 성겁, 주겁, 괴겁, 공겁
의 4겁으로 나누는데 이 중 주겁을 다시 과거의 장엄
겁, 현재의 현겁, 미래의 성수겁으로 나눔.

19) 우바리: 지계 제1인 부처님 10대 제자.

아수라 · 가루라 · 긴나라 · 마후라가 등 대
중 가운데 미륵보살마하살의 이름을 듣고,
기쁜 마음으로 미륵보살에게 공경하며 예
배하는 이가 있다면 이 사람 또한 목숨을 마
치자마자 아주 짧은 찰나에 도솔천에 왕생
하느니라.

또 다만 미륵보살의 이름만 들은 이라도
죽은 뒤에 악도나 야만이 사는 변두리나 삿
된 소견을 가진 곳, 나쁜 짓하는 집안에 태
어나지 않는다. 항상 바른 소견을 가진 좋은
부모 · 형제 · 처자 · 친구 등의 권속을 만나
삼보를 헐뜯는 일이 없느니라.”

부처님께서 우바리존자에게 다시 말씀하
셨다.

“만일 선남자, 선여인 가운데 계율을 범
하고 많은 죄업을 지은 이가 있더라도, 대자

대비한 이 보살의 이름을 듣고 땅에 엎드려 지성으로 참회하면 모든 악업이 사라지고 청정하게 되느니라.

또 뒷세상의 중생들이 대자대비한 보살의 이름을 듣고, 그 형상을 만들어 모시고, 향·꽃·일산·깃대·번 등으로 공양 예배하고 끊임없이 생각하면, 이 사람은 목숨을 마칠 때 미륵보살의 백호에서 광명이 나와 비쳐주며, 모든 하늘사람들과 함께 만다라 꽃을 비 내리고, 앞에 나타나서 맞이해 주니 잠깐 사이에 도솔천에 왕생하게 될 것이다.

그리하여 미륵보살을 만나 발 아래 절하고 머리를 들기도 전에 미륵보살의 법문을 듣고, 무상도를 얻어서 다시는 물러남이 없는 불퇴전의 경지에 들어가 아득한 미래세를 지나는 동안 항하의 모래알처럼 많은 부처님을 만나게 되느니라."

부처님께서 또 우바리존자에게 이렇게 말씀하셨다.

"우바리야, 자세히 들으라. 이 미륵보살은 미래세의 중생들에게 큰 귀의처가 되니, 미륵보살에게 귀의하는 이가 있다면 알지어다. 이 사람은 무상도에서 물러나지 않게 되며, 또 이사람은 미륵보살이 여래가 되고, 공양받을 이가 되시며, 아뇩다라삼먁삼보리를 깨달아 부처님이 될 때, 미륵 부처님의 광명을 보는 것과 함께 바로 미래에서 부처를 이룰 것을 예언하는 수기를 얻느니라."

부처님께서 우바리에게 말씀하셨다.

"내가 멸도한 뒤에 도솔천에 태어나고자 하는 사부대중[20]이나 천인, 용, 귀신은 마땅

---

20) 사부대중(四部大衆): 비구, 비구니, 우바새, 우바이.

히 이렇게 관하라. 한 생각으로 오직 끊임없이 도솔천을 관하고, 모든 계율을 지키라.

그리고 하루나 7일 동안이라도 십선[21]을 생각하고, 십선도를 행하라.

그리하여 모든 공덕을 돌이켜 미륵보살의 앞에 태어나기를 원할 것이니, 이 원을 성취하고자 하거든 마땅히 이러한 관을 닦으라. 이 관을 닦는 사람은 필경 한 명의 천인이나 연꽃 한 송이라도 보리라.

또 한 생각 동안이라도 미륵보살을 부른다면 그는 마침내 1천 2백 겁 동안의 죄업을 다 소멸하게 되며, 미륵보살의 이름을 듣고 다만 합장공경만 하더라도, 그는 마침내

---

21) 십선(十善): ①죽이지 않음. ②훔치지 않음. ③사음하지 않음. ④망령된 말을 하지 않음. ⑤이간질하지 않음. ⑥욕설하지 않음. ⑦교묘하게 꾸미는 말하지 않음. ⑧탐욕하지 않음. ⑨성내지 않음. ⑩사견을 내지 않음.

50겁 동안 지은 모든 죄업을 다 소멸할 것이다. 미륵보살께 공경예배한 사람은 백억 겁 동안의 죄업을 소멸할 것이니 이들은 설사 하늘나라에 태어난다 하지 못하더라도 미래세에 미륵보살이 대각[22]을 이룰 용화보리수 아래서 미륵 부처님을 만나 무상도심을 일으키느니라."

부처님께서 이 말씀을 하실 때 한량없는 대중이 자리에서 일어나 부처님과 보살의 발 아래 엎드려 절하고, 부처님과 미륵보살을 오른쪽으로 백천 번 돌고 돌았다. 그리고 도과(道果)를 아직 얻지 못한 대중들은 각각 이렇게 서원하였다.

---

22) 대각(大覺): 부처님의 깨달음을 가리킴. 부처님은 우주의 실상을 깨달아서 자기를 미혹으로부터 해방시켰을 뿐만 아니라, 다른 이도 깨닫게 하는 원만한 행도 가지고 있으므로 대각이라고 함.

"저희들 천인과 팔부중[23]은 이제 부처님 앞에 지극한 정성으로 큰 원을 세우옵니다.

다음 세상에는 꼭 미륵보살을 만나게 되오며, 이 몸을 버리면 곧 도솔천에 태어나게 하여 주소서."

부처님께서 대중들에게 이렇게 수기를 주시었다.

"너희들 중 미래세에 계를 닦고 복을 닦고, 계를 지키는 이는 모두 미륵보살 앞에 왕생하여 저 보살의 섭수[24]를 받게 되리라."

부처님께서 다시 우바리에게 말씀하셨다.

---

23) 팔부중(八部衆): 천생, 용, 야차, 건달바, 아수라, 가루라, 긴나라, 마후라가. 이들은 불법을 수호하는 신중.

24) 섭수(攝受): 부처님의 자비와 지혜광명으로 모든 중생을 다 거두어 보살핌을 말함.

"이렇게 닦는 관이 바른 관이고, 다르게 닦는 관은 삿된 관이니라."

그 때 아난존자가 자리에서 일어나 손을 깎지끼어 공손히 합장하고 꿇어앉아 부처님께 여쭈었다.

"부처님이시여! 감격하옵니다. 미륵보살의 거룩한 공덕을 말씀해 주시고, 미래세에 중생들이 복 닦을 일을 위해 그 과보를 수기[25]해 주시오니, 저는 한없이 기쁘옵니다. 부처님이시여, 이 법문의 요지는 어떻게 지니오며, 이 경 이름은 무어라 하오리까?"

부처님께서 아난존자에게 말씀하셨다.

"너희들은 이 말을 잊지 말라. 그리고 아무쪼록 잘 지켜서 미래세의 중생들을 위해

---

25) 수기: 부처님께서 상대에게 장차 성불하리란 인연을 예언하는 것.

하늘나라에 가는 길을 열어주고, 깨달음의 참모습을 보여주어서 부처의 씨앗이 끊어지지 말게 할지어다.

이 경의 이름은 《미륵보살반열반경》이며, 또 《관미륵보살생도솔타천권발보리심경》이니, 이와 같이 알아 지니도록 하라."

부처님께서 이 말씀을 하시는 동안 다른 세계에서 온 십만 보살들은 번뇌의 마구니를 물리치는 '수능엄삼매'를 얻었고, 8만억 보살들은 보리심[26]을 일으켜, 장차 미륵보살을 따라 이 세상에 하생할 것을 발원하였다.

이 모든 말씀을 듣고 비구 · 비구니 · 우바새 · 우바이 등의 사부대중과 천인, 용 등

---

26) 보리심(菩提心): 보통 '깨달음'을 말함. 위로는 진리를 구하고, 아래로는 중생을 지도하고자 하는 마음.

의 팔부신중 등 모든 이들이 몹시 기뻐하며
부처님께 예배드리고 물러갔다.

미륵하생경

이와같이 나는 들었다.

부처님께서 거룩한 비구 1천 2백 5십인과 함께 사위국의 기수급고독원에 계실 때였다. 아난이 오른쪽 어깨를 드러내고 무릎을 꿇고, 부처님께 여쭈었다.

"여래께서는 깊이 살펴보시니 무엇이든 모르는 것이 없사옵니다.

그래서 과거 · 현재 · 미래의 삼세를 환하게 두루 아시옵니다. 그리하여 과거세에 성불하신 모든 부처님의 이름과 그를 따르고 배우던 제자와 보살이 얼마나 많았는지, 또 적었는지를 다 아시고, 일 겁, 백 겁, 무수 겁 전의 일들을 환히 관찰하시옵니다. 또한 다

음 세상의 일도, 어떤 나라의 임금은 인품이
어떠하고 대신은 누구이며, 백성들의 이름
과 생활형편이 어떤지까지 다 아시니 지금
사는 나라의 국경이 어디고 형편이 어떻다
는 것을 아시는 것이나 다를 바 없습니다.

부처님이시여, 많은 세월이 지나간 후에
미륵부처님이 오셔서 등정각[27]을 이루신
일에 대해 듣고자 하나이다. 미륵부처님을
따르는 제자는 얼마나 되며, 그 세계는 얼마
나 풍족하고 안락합니까? 또 그 법은 얼마
동안이나 세상에 머물 것인지 알고 싶습니
다."

부처님께서 아난에게 말씀하셨다.

"아난이여! 자리에 돌아가 내 말을 들을

---

27) 등정각(等正覺): 부처님을 일컫는 10호의 하나로 삼먁
    삼불타를 뜻으로 번역한 말. 평등한 바른 깨달음을 말
    하는데 정변지(正遍知)라고도 함.

지어다. 미륵 부처님의 세계가 얼마나 풍족
하고 안락한지, 또 그 제자의 수가 얼마나
되는지 잘 생각해서 마음 속에 받아 지닐지
니라."

아난은 부처님의 말씀을 듣고 제자리에
들어와 앉았다. 부처님께서는 이렇게 말씀
하셨다.

"오랜 세월이 지난 후, 이 세계에는 계두
성이라는 큰 도읍이 생길 것이다. 동서의 길
이는 12유순[28], 남북은 7유순인데, 그 나라
는 땅이 기름지고 풍족해 많은 사람들이 유
복하게 살아 거리마다 번화하기 이를 데 없
다.

그 때 수광이라는 용왕[29]이 있어서 밤이

---

28) 유순(由旬): 인도에서 거리를 측정하는 단위. 1유순은
    약 30리에서 40리에 해당함.

29) 용왕: 팔부중의 하나로 바다에 살며 비와 물을 다스리

면 항상 향수를 비처럼 내려 거리를 적시고,
낮에는 온 성안을 화창하게 하리라. 또 모든
것을 법에 따라 행동하고 바른 가르침을 어
기지 않는 섭화라는 나찰[30] 귀신이 있는데,
이 나찰은 밤중이면 더러운 물건을 치워두
고 향즙을 땅 위에 뿌려서 온 성 안을 모두
향기롭고 깨끗하게 하느니라.

　아난이여! 그 때, 염부제의 땅 넓이는 동
서남북이 10만 유순이나 될 것이다. 산과
개울, 절벽은 저절로 무너져서 다 없어지고,
4대해의 물은 각각 동서남북으로 나뉘어지
느니라.

　대지는 평탄하고 거울처럼 맑고 깨끗하
다. 곡식이 풍족할 뿐만 아니라 인구가 번

고 불법을 보호한다고 함.

30) 나찰: 악귀를 통틀어 일컬음.

창하고 갖가지 보배가 수없이 많으며, 마을과 마을이 잇따라 있어 닭 우는 소리가 서로 들리느니라. 아름답지 못한 꽃과 나쁜 과일, 시들한 나무는 다 씨가 마르고, 더러운 것은 다 없어진다. 그래서 감미로운 과일나무와 향기롭고 아름다운 풀, 나무들만이 자라나느니라.

저 세상의 기후는 온화하고 화창하며, 사계절이 순조로와 백여덟 가지의 질병이 없다. 탐욕과 성냄, 어리석음도 마음 깊이 있을 뿐, 눈에 띄게 드러나지 않고 사람들의 마음도 어긋남이 없이 평화롭다. 그래서 만나면 즐거워하고, 착하고 고운 말만 주고 받으니, 뜻이 틀리거나 어긋나는 말이 없어서 울단월세계[31]에 사는 것과 같으니라.

---

31) 울단월세계: 수미산 북쪽.

이 때 염부제[32] 사람들의 몸은 서로 크고 작은 차이가 있지만, 목소리는 그런 차이가 없이 다같으니라. 또 대소변을 보고자 할 때는 땅이 저절로 열리고, 땅이 저절로 닫히느니라. 또 쌀은 심지 않아도 저절로 거둘 수 있는데, 껍질이 없고 향기로우며, 먹고나면 앓거나 병으로 고생하는 일이 없느니라.

또 금·은·보배와 자거·마노·진주·호박이 땅 위에 이리저리 흩어져 있어도 주워가는 사람이 하나도 없느니라. 오히려 그 때의 사람들은 이렇게 말하리라.

'옛 사람들은 이것 때문에 서로 싸우고, 죽이며 잡혀가고, 옥에 갇히는 등 수없는 고

---

32) 염부제: 남염부주, 혹은 남섬부주를 말함. 수미산의 남쪽에 있고, 즐거움은 북주, 서주, 동주만 못하나 부처님을 뵙고 법을 듣기로는 으뜸인 곳. 바로 우리가 사는 세계를 말함.

생을 하지 않았는가? 오늘날에 와서는 이런 것들이 흙이나 돌과 마찬가지, 탐내거나 아끼는 사람이 없도다.”

그 때가 되면 양거라는 법왕이 나서 바른 법으로 나를 다스릴 것이다. 그 왕에게는 일곱 가지 보배가 있을 것인데, 천하를 정복하는 금륜보, 광명으로 빛나는 여의주와 절대 미인인 옥녀보, 칠보를 만들어내는 수장보와 코끼리·기병·전차·보병 등을 만들어내는 전병보와 왕이 타고 천하를 두루 다니는 최고의 마보, 그리고 물 위로 걷는 상보를 말한다. 양거왕은 이 일곱 가지 보물로 천하를 다스릴 뿐, 무기나 권력으로 억누르지 않아도 모든 적으로부터 저절로 항복을 받느니라.

또한 네 개의 보배창고가 있을 것이다. 첫

째는 건타월국에 있는 이라발 보배창고인
데, 온갖 진기한 보물과 진기한 물건이 헤아
릴 수 없이 많을 것이다. 둘째는 미제라국에
있는 반주창고인데, 역시 이곳에도 진기한
보배가 가득하다. 셋째는 수뢰타대국에 있
는 진기한 보배곳간이다. 넷째는 바라나국
에 있는 양거의 큰 보배곳간이니, 이곳 역시
한량없는 진기한 보물이 가득하리라.

　이 네 곳의 보물창고는 다 저절로 생긴 것
인데 창고를 지키는 책임자들이 왕에게 와
서 이렇게 말하리라.

　'원하옵건대 대왕께서는 이 많은 보물을
가난한 백성들에게 베풀어 보시하십시오.'

　그러면 양거왕은 보물들을 모든 사람들
에게 나누어 보시해 다시 자신이 가지지 않
으므로 영원히 재물에 대한 생각이 없을 것

이다.

또 그 때 염부제에는 옷이 나무에 저절로 열리는데, 특히 얇고 부드러워서 사람들은 누구나 힘들이지 않고도 좋은 옷을 나무에서 거두어 입게 되리라. 그것은 마치 울단월의 사람들이 나무에서 옷을 따 입고 사는 것과 같으니라.

그 때 양거대왕에게는 수범마라는 대신이 있는데, 그 둘은 어려서부터 서로 친하고, 특히 서로를 존중하고 믿는 사이니라. 수범마는 모습이 단정하고, 알맞은 키에 몸은 너무 뚱뚱하거나 마르지 않았으며, 희거나 검지도 않으니, 지나치게 늙어 보이거나 젊어 보이지 않는다.

수범마에게는 범마월이란 아내가 있는데 옥녀들 중에도 몹시 뛰어나게 아름다운 하늘임금의 왕비같으니라. 이 여인의 입에서는 우발라 꽃향기가 나오고, 몸에선 전단향이 퍼지며, 여자가 갖추어야할 마흔 네 가지 훌륭한 태도를 지녀, 질병이나 산란한 생각이 없느니라.

미륵보살이 그 때 도솔천에 있으면서 수범마 내외가 늙지도 젊지도 않은 것을 보고 그들을 부모로 삼아 범마월 부인의 몸에서 태어날 것이다.

내가 오른쪽 옆구리에서 태어난 것같이 미륵보살도 그 어머니의 오른쪽 옆구리로 나올 것이다. 그리고 나면 도솔천의 하늘은 미륵보살이 사바세계에 내려가 탄생한 경사를 노래하고 찬탄하느니라. 수범마는 아들의 이름을 미륵이라고 할 것이다.

미륵보살은 32상과 80종호를 갖추었고,

몸은 황금빛으로 빛나리라.

또 그 때의 사람들은 수명이 아주 길어 병으로 앓는 일이 전혀 없이 8만 4천세를 살며, 여자들은 5백세가 되어 시집가게 될 것이다.

미륵보살은 얼마간 집에서 자라다가 출가해 도를 닦을 것이다. 곧 계두성에서 멀지 않은 곳에 높이 1유순, 둘레가 5백 보 되는 용화라는 큰 나무가 있을 것인데, 미륵보살은 그 용화수[33] 아래 앉아서 무상도를 이루느니라.

미륵보살이 깨달음을 이뤄 부처님이 될 때, 삼천대천세계는 여섯 갈래로 진동하며, 자신들은 이렇게 말한다.

---

33) 용화수: 미륵 부처님이 성도하실 때의 보리수. 용화수의 꽃가지는 용머리와 같고, 나뭇가지는 보통과 같다고 함.

'미륵보살께서 이제 부처님이 되시었도다.'

또한 그 메아리가 사천왕의 궁전에까지 울려서, 그들도 미륵보살의 성불을 기뻐할 것이다.

그리고 33천[34]과 염마천[35] · 도솔천[36] · 화락천[37] · 타화자재천[38] · 과 범천[39]에 이르기까지 그 기쁨이 전해져 다음과 같이 기뻐하느니라.

'미륵보살께서 드디어 성불하셨도다.'

---

34) 33천: 욕계 6천의 제2천인 도리천.

35) 염마천: 욕계 제3천인 야마천.

36) 도솔천: 욕계 제4천.

37) 화락천: 욕계 제5천.

38) 타화자재천: 욕계의 가장 높은 곳.

39) 범천: 색계의 초선천.

그 때 대장이라는 마왕이 있어 바른 법으로 하늘을 다스릴 것인데, 여래의 이름이 울려오는 소리를 듣고, 춤추며 뛰어오를 것이다. 또 기쁨에 겨워서 7일 낮 7일 밤을 잠들지 못하다가 욕계의 많은 천인을 이끌고 미륵 부처님이 계신 곳에 와서 공경, 예배할 것이다.

　그러면 미륵 부처님은 많은 대중들과 함께 있으면서 불법의 미묘한 이치를 차례로 연설할 것이다. 그 내용은 남에게 아낌없이 베풀어야 한다는 보시와 깨끗한 계행을 지켜야 한다는 계율, 하늘나라에 태어나는 일과 욕심은 깨끗하지 못한 생각이란 가르침이다.

　미륵 부처님은 모든 사람들이 기꺼워함을 보고, 모든 부처님께서 항상 설법하신 고집멸도의 사성제[40]를 천인들에게 말해 줄 것이다. 현실은 그저 모습만으로 나타나 있을 뿐, 기실 괴롭기 짝이 없는 것이라는 고제와 괴로움의 원인은 애욕과 업에 의한 것이라는 집제, 괴로움의 세계를 벗어난 절대의 세계가 일반이라는 멸제와 열반의 경지를 성취하기 위한 수행방법에 대한 가르침인 도제가 이 법문의 내용이다.

그리하여 그 자리의 8만 4천 천인들은 모든 번뇌를 여의고 진리를 보는 법안[41]을 얻을 것이다.

그 때 대마왕이 저 세상 사람들에게 이렇게 말하리라.

---

40) 사성제(四聖諦): 불교의 실천적 원리를 나타내는 부처님의 가르침. 고집멸도(苦集滅道).

41) 법안(法眼): 5안(眼)의 하나. 현상계의 온갖 사리를 분명하게 비추어 아는 지혜의 눈.

'그대들은 어서 출가하라. 미륵 부처님이 오늘 열반[42]의 피안[43]에서 그대들을 구하시리라.'

그 때 계두성 안에 있는 선재라는 장자가 마왕의 말과 미륵 부처님이 성불할 때 땅이 울리는 소리를 듣고 8만 4천 대중을 이끌고 부처님 계신 곳으로 나아갈 것이다. 부처님께 엎드려 절하고 한편에 물러나 앉아 법문을 들을 것이다.

그 자리에선 미륵 부처님이 뜻 깊은 법문을 설하실 것이다. 보시해야 하는 법, 계행의 법, 참되게 수행하여 하늘나라에 태어나

---

42) 열반(涅槃): 모든 번뇌를 소멸하고 불생불멸의 진리를 깨달은 경지. 범어로 nirvana.

43) 피안(彼岸): 생사의 번뇌를 벗어난 열반을 말함. 곧 고해를 건너간 깨달음의 저 언덕. 또는 생사고해에 헤메는 중생계를 차안(此岸)이라 함에 대해 극락을 피안이라고도 함.

는 법, 욕심을 버리고 항상 깨끗한 마음으로 생활해야 하는 법을 말할 것이다. 미륵불은 대중들의 마음이 열려 법문에 대한 이해가 깊은 것을 보고 많은 부처님들이 이미 말씀하셨던 것처럼 고집멸도에 대하여 모든 하늘의 대중들에게 그 뜻을 분별해 말해 주느니라. 그리하여 대중 가운데 8만 4천인이 번뇌를 끊고 깨끗한 법안을 얻을 것이다.

선재동자는 8만 4천인과 더불어 부처님에게 출가하여 열심히 수행해 아라한도를 얻을 것이다. 미륵 부처님은 그 처음의 법화에서 8만 4천인을 제도하여 아라한과[44]를 얻게 하느니라.

그 때 양거왕은 미륵 부처님이 성불하셨

44) 아라한과(阿羅漢果): 소승 최고의 깨달음을 이룬 자리. 과(果)는 깨달은 자리를 말하는데, 수행의 원인에 대한 결과를 말함.

다는 말을 듣고, 곧 미륵 부처님이 계시는 곳으로 달려와 법문을 듣고자 하므로 미륵 부처님은 왕에게 법문을 설하실 것이다. 그 설법은 처음이나 중간이나 끝이 다 같이 거룩한 말씀이고 심오한 진리이다.

그 말씀을 들은 양거왕은 왕위를 태자에게 물려준 뒤, 머리를 깎고 스승에게 진기한 보물들을 바칠 것이다. 또 다른 많은 보배들을 여러 범지[45]들에게 보시하고는 8만 4천 대중을 거느리고 부처님 계신 곳으로 가서 수행자가 될 것이다. 그리하여 도과를 얻어 모두 아라한이 되느니라.

미륵 부처님의 아버지 수범마 장자는 아

---

45) 범지: 인도 바라문들의 생활은 보통 4단계로 나누는데, 그 첫째인 1기. 스승에게 가서 수학하는 기간. 8세부터 16세, 혹은 11세부터 22세까지의 바라문이 스승아래 수행과 배움을 익히는 시기의 사람을 뜻함.

들 미륵이 부처님이 되셨다는 소문을 듣고 8만 4천 범지를 데리고 부처님이 계신 곳으로 찾아갈 것이다. 그리고는 다 같이 수행자가 되어 아라한의 도과를 얻을 것이다. 그들 중 수범마는 몸과 마음을 얽매어 괴롭게 하는 세 가지 번뇌, 즉 탐욕과 성냄, 어리석음을 끊고 괴로움의 경지를 아주 여의느니라.

미륵 부처님의 어머니 범마월부인도 8만 4천 명의 시녀를 이끌고 부처님 계신 곳에 가서 사문이 되어 모두 아라한과를 얻을 것이다. 그 가운데 범마월부인은 번뇌를 다 여의고 수다원과를 얻느니라.

그 때 많은 찰제리[46] 부인들도 미륵 부처님이 출현하여 등정각을 이루었다는 소문

---

46) 찰제리: 인도의 4계급 중 바라문족 다음 가는 왕족이나 귀족, 무사. 요즘 말로 크샤트리아.

을 듣고 수천만 대중들이 부처님 계신 곳에 찾아와 땅에 엎드려 절하고 물러나 앉을 것이다. 그리고 각각 마음으로 이미 사문이 되어 도를 배우기를 청하리라.

어떤 이들은 차례를 뛰어넘어 한 번에 깨달음을 얻고, 또 어떤 이는 차례를 뛰어넘지 않고도 깨달음을 얻느니라. 아난이여, 그때 차례를 뛰어넘지 않고 깨달음을 얻는 이는 모두 일찍부터 불법을 받들어 오던 사람이니, 일체의 모든 세상일들을 즐겁게 생각하거나 매달리지 않는 사람이니라.

미륵 부처님은 그때 네 가지 큰 진리, 사성제를 듣고 해탈을 이룬 성문승과 스승이 없이도 12인연[47]의 이치를 깨달은 연각승,

---

47) 12인연: 근본불교의 가장 기초적인 교의로 아함경전에 설해져 있음. 무명, 행, 식, 명색, 육처, 촉, 수, 애, 취, 유, 생, 노사로 인한 사물의 현상을 설명한 부처님의 가르침.

육바라밀[48]을 닦아 자기도 해탈하고 남도 해탈케하여 다 같이 성불의 길을 닦게 하는 보살승 등 삼승[49]에 대한 가르침을 하실 것이다. 그 말씀은 지금 내가 설하고 있는 것과 조금도 다름이 없느니라.

미륵 부처님의 제자 가운데 대가섭이란 제자가 있어, 열두 가지 수행, 12두타행[50]을 잘 닦을 것이다. 가섭은 과거에서부터 많은 부처님에게 가르침을 받아 깨끗한 행을 잘

---

48) 육바라밀(六波羅蜜): 생사의 고해를 건너 이상향인 피안에 이르는 여섯 가지. 방편, 보시, 지계, 인욕, 정진, 선정, 지혜, 이는 곧 보살의 수행법.

49) 삼승(三乘): ①성문; 사제의 법문이나 부처님의 말씀을 듣고 이를 살펴 깨달은 이. ②연각; 12인연의 법문이나 홀로 자연의 이치를 살펴 깨달은 이. ③보살; 육바라밀의 수행법에 의하여 자기도 깨닫고, 남도 깨닫게 하여 부처를 이루려는 이.

50) 12두타행: 번뇌의 티끌을 없애고 의식주를 간편히 하여 수도 정진하는 12조의 행법.

닦은 사람으로 미륵 부처님을 도와 수많은 사람들을 교화하리라. 부처님께서 돌아가실 날이 멀지 않은 때에 이르면 가부좌하고 경건한 마음으로 부처님을 생각하고 있으리라."

그 때 석가모니 부처님께서 가섭에게 이렇게 말씀하시리라.

'내 이제 늙어 8만 세가 넘었도다. 그러나 이제 네 명의 큰 성문이 있어 교화의 임무를 잘 감당하리라. 그들은 지혜가 다함이 없고, 온갖 공덕을 두루 갖추었느니라. 네 성문은 대가섭 비구와 군도발탄 비구 · 빈두로비구 · 나운비구이다. 이들 성문은 내 법이 소멸된 뒤에야 열반에 들도록 하라. 석가여래의 제자 대가섭도 열반에 들지 않고 미륵 부처님이 세상에 나오기를 기다리느니라. 그

것은 미륵 부처님이 교화하는 제자는 모두
가 다 석가여래의 제자인 까닭이다. 또 석가
모니 부처님의 제자는 모두 다 내 교화를 받
아 온갖 번뇌를 여의는 때문이니라. 가섭도
지금 마갈다국 비제촌에 있는 영취산 속에
서 나를 기다리고 있느니라.'

　미륵 부처님이 수많은 대중들을 거느리
고 저 산에 가면 여러 귀신들이 부처님의 은
혜로 문을 열어줄 것인데, 대중들은 가섭이
선정에 들어있는 굴속을 볼 수 있을 것이다.

　그때 미륵 부처님은 오른쪽 손을 펴서 가
섭을 가리켜 이렇게 말씀하시리라.

　'이 사람이 오랜 옛날에 계셨던 석가모니
부처님의 제자, 가섭이다.

　오늘날에도 이르러서도 고행하는 수행이
제일이다.'

대중들은 이 광경을 보고 전에 없던 희유한 일이라 찬탄하며, 많은 중생들이 번뇌의 때를 여의고 진리의 눈을 얻을 것이다. 또 어떤 중생들은 가섭의 몸을 보기도 하느니라. 이 모임을 첫 번째 법회라 하는데, 이때 96억 인이 아라한이 되느니라.

　'이들은 다 내 제자였던 사람들이니 아라한을 쉽게 이룬 것도 내 가르침을 받았기 때문이다. 또 네 가지 공양을 한 인연과 남에게 은혜를 베풀고 사랑하고 모든 사람들을 이롭게 한 수행이 있었기 때문이다.

　아난이여, 그 때에 이르면 미륵 부처님은 가섭의 가사를 받아 입을 것이다. 그런 다음 가섭의 몸은 바로 별처럼 흩어지리라. 미륵 부처님은 갖가지 꽃과 향으로 가섭에게 공양할 것이니, 그것은 모든 부처님들이 바른 법을 지극히 공경하고 받드는 마음이 있기 때문이다. 미륵 부처님도 내게 바른 법의 교화를 받아서 무상정도[51]를 얻었기 때문이다.

아난이여, 그대는 알지어다. 미륵 부처님의 두 번째 법회에서 94억 대중이 아라한도를 얻을 것이다. 이들 또한 내 가르침을 받은 제자들로 네 가지 공양을 하는 행을 잘 닦은 이들이니라. 또 미륵 부처님의 세 번째 법회에서 92억 대중이 아라한도를 얻을 것이니, 이들도 내 교화를 받은 제자들이니라.'

미륵 부처님의 세상에서는 모든 비구들의 성을 자씨라고 하리라. 그것은 마치 오늘

---

51) 무상정도(無上正道): 위없는 진리를 구하고, 중생을 제도하고자 하는 깨달음.

날 모든 성문들이 석가모니의 제자라고 하는 것과 같으니라. 그 때 미륵 부처님은 제자들을 위해서 이렇게 설법하실 것이다.

'너희들 비구는 마땅히 이렇게 생각하라.

세상 모든 것이 다 덧없도다. 즐거움 속에는 반드시 괴로움이 숨어 있으니, 참 나를 살펴볼 때로다.

실다운 것은 아예 없고, 모든 것이 다 공하여 없으며 이 몸이 죽고 나면 몸은 빛깔이 변해 퍼렇게 멍이 들고, 배는 부풀어 오르고 음식조차 삭일 수 없어 피고름만 흐를 것이다.

이 세간 온갖 것은 즐겁기만 한 것이라곤 한이 없도다'라고.

'비구들이여, 왜 그런가 하면 이런 열 가지 생각은 과거세의 석가모니 부처님께서 너희들에게 모든 번뇌를 여의고 해탈을 얻게 하기 위해 말씀하신 것이기 때문이다.

여기 있는 모든 대중들은 모두 석가모니 부처님의 제자로 과거세로부터 깨끗한 수행을 닦아 오늘 이 자리에 온 이도 있으며, 어떤 이는 석가모니 부처님 계시던 곳에서 삼보에 공양한 공덕으로 이 자리에 온 이도 있다. 또 어떤 이는 석가모니 부처님 계시던 곳에서 아주 짧은 순간에 자신이 닦은 착한 일로 인하여 이곳에 태어난 사람도 있느니라.

또 어떤 이는 석가모니 부처님 계시던 곳에서 한량없는 중생들에게 즐거움을 주고 괴로움을 없애주는 자 · 비 · 희 · 사[52] 네

52) 자비희사(慈悲喜捨) : 사무량심(四無量心), 불보살이
   갖춘 네 가지 덕.

가지 마음을 닦은 인연으로 오늘 이곳에 태어났다.

어떤 이는 석가모니 부처님 계시던 곳에서 오계를 받아 지니고, 삼보에 귀의한 인연으로 이곳에 태어났다.

어떤 이는 석가모니 부처님 계시던 곳에서 도량을 새로 세운 인연으로 이곳에 태어났으며, 또 어떤 이는 석가모니 부처님 계시던 곳에서 법당을 고친 인연으로 이곳에 태어났느니라.

또 어떤 이는 석가모니 부처님이 계시던 곳에서 팔관재법[53]을 받아 지킨 인연으로

---

53) 팔관재법: 집에 있는 불교인이 지켜야 할 8가지 계행. ①죽이지 말 것. ②훔치지 말 것. ③삿된 음행을 말 것. ④망언을 말 것. ⑤술 마시지 말 것. ⑥분수에 지나친 화려한 자리에 있지 말 것. ⑦몸에 장식품을 붙이지 말고, 노래하고 춤추지 말며, 또한 가서 보지도 말 것. ⑧정오을 넘어서 먹지 말 것.

이곳에 태어났고, 어떤 이는 석가모니 부처
님이 계시던 곳에서 향과 꽃으로 공양한 공
덕으로 이곳에 태어났다.

그런가 하면 어떤 이는 온 마음을 다해 법
문을 들은 인연으로 오늘 이곳에 태어났다.

어떤 이는 목숨이 다하도록 계율을 지킨
인연으로 오늘 이곳에 태어났느니라. 또 어
떤 이는 목숨이 다하도록 범행[54]을 한 인연
으로 이곳에 태어났으며, 어떤 이는 경전을
읽고 쓰고 외운 인연으로 이곳에 태어났으
며, 혹 어떤 이는 부처님을 섬기고 공양한
인연으로 이곳에 태어났느니라.'

미륵 부처님은 또 게송으로 이렇게 말씀
할 것이다.

---

54) 범행: 청정한 행동. 보살이 행하는 자리이타(自利利他)
의 행을 말함.

계행과 법문 듣고
독경과 선정 익히고
거룩한 행을 닦아서
오늘 바로 이 자리에 이르렀노라.

보시와 기쁜 마음 떨쳐 일으켜
마음의 깊은 근원 닦으며
다른 망상 전혀 없어서
오늘 바로 이 자리에 이르렀노라.

평등하고 거룩한 마음 얻고자
모든 부처님을 받들었고
많은 성현들께 공양했기에
오늘 바로 이 자리에 이르렀노라.

계율과 경전을 항상 외우고

남들에게 정성껏 설명해 주어
법의 근원 밝혀왔기에
오늘 바로 이 자리에 이르렀노라.

부처될 모든 이 잘 교화하였고
부처님 사리에 공양 올리며
법을 위해 몸과 마음 바치었기에
오늘 바로 이 자리에 이르렀노라.

경전을 쓰고 인쇄하여
세상에 널리 펴 보시하고
공양한 공덕 있기에
오늘 바로 이 자리에 이르렀노라.

고운 비단 온갖 것
탑과 절에 공양하고

염불정진 지극하여서
오늘 바로 이 자리에 이르렀노라.

과거 현재 미래 삼세의
모든 부처님께 공양한 이는
선정을 닦아 평등한 마음 이루어
더하고 덜한 마음 아주 없나니.

부처님 깊은 법에 들어와
성현네를 받들고
삼보를 정성으로 섬기면
하염없는 열반언덕 이르고 말리라.

아난이여 알지어다. 미륵 부처님이 이렇
게 게송으로 설법하고 나면 대중 가운데 하
늘과 사람들은 열 가지 진리를 생각하고 11

해의 수많은 사람들은 번뇌의 때를 여의고 거룩한 진리의 눈을 얻게 되느니라.

미륵 부처님의 세상에서는 천 년 동안 모든 수행자가 부정한 행위를 하지 않을 것이다. 다만 다음의 한 게송만으로 금하는 계율을 삼을 뿐이니라.

입으로나 마음으로 나쁜 짓 말고
몸으로도 또한 범하지 말라.
이 세 가지 악을 여의고
나고 죽는 생사의 문, 어서 벗어나라.

이렇게 천 년이 흐른 후에는 계율을 범하는 사람이 있을 것이다. 그리하여 모든 계율을 다시 정하게 될 것이다. 미륵 부처님의 수명은 8만 4천세이고, 열반에 든 뒤에

불법이 세상에 머물러 있는 동안은 8만 4천
년이 되느니라. 무슨 까닭인가 하면 그때의
중생들은 아주 뛰어난 자질을 가지고 있기
때문이다.

또 그 때 선남자, 선여인들은 미륵 부처
님과 세 차례의 법회에서 깨달음을 얻은 성
문들을 찾아뵈오려 하느니라. 도읍인 계두
성과 양거왕의 진기한 네 가지 보배곳간이
가득차며, 음식을 먹고자 하면 저절로 쌀이
생기고 옷을 입고자 하면 저절로 옷이 생기
며, 목숨을 마치면 곧 하늘나라에 태어나느
니라.

저들 선남자, 선여인은 부지런히 정진하
여 게으르지 않으니, 모든 법사의 가르침을
잘 받들고 갖가지 공양거리를 끊이지 않게
하느니라. 이와 같으니 아난이여, 마땅히 배

울지니라."

그 때 아난과 모든 대중은 부처님의 이 말씀을 듣고 기쁨에 넘쳐 받들어 모시었다. 그 때 부처님께서 자씨 미륵보살에게 이렇게 말씀하셨다.

"그대는 자세히 들을지어다. 큰 위신력과 가장 높은 공덕을 다 같이 갖추어 중생들로 하여금 악도에서 해탈케 하고, 아주 거룩하고 묘한 즐거움만을 받도록 하는 자씨보살의 다라니[55]가 있느니라.

자씨보살이 부처님께 여쭈었다.

"부처님이시여, 바라옵건대 말씀하여 주십시오."

---

55) 다라니: 총지(摠持), 능지(能持), 능차(能遮)라고 번역. 주문을 말하는데 그 뜻은 모든 진리를 간직하고 잃지 않음을 말함.

그리하여 부처님께서는 자씨보살의 거
룩한 다라니를 말씀하시었다.

나모 비아바제 사키야 모나제
다타 아다야 알하제 삼먁삼못다야
다냐타 아니제 아니 다야네제 바라바라
모다라 바로기제 가라가라 마하삼마야
싯제 바라바라 모지만나니 사마라 사마라
사마라 아사마가 삼마야

모지모지 마하모지 사바다

자씨보살은 부처님께서 이렇게 다라니를
말씀하시자 다음과 같이 여쭈었다.
"부처님이시여, 이 다라니는 큰 이로움이
있어 중생들로 하여금 악도를 벗어나게 할

것입니다."

자씨보살은 다시 원을 세우면서 이렇게 말씀하셨다.

"미래세의 말법시대[56]에 사는 어떤 중생이 이 다라니를 받아 지니고 외운다면 그 사람은 설사 아비지옥에 떨어져야 할 숙세의 죄업이 있을지라도 제가 성불하면 부처님의 위신력으로 꼭 구해내겠습니다.

또한 아뇩다라삼먁삼보리의 수기를 주겠나이다."

자씨보살은 이렇게 말씀하시고 부처님의 발아래 절한 다음 기뻐하시며 물러나시었다.

---

56) 말법시대(末法時代): 부처님의 가르침이 제대로 지켜지지 않는 시대.

미륵대성불경

이와 같이 나는 들었다.

부처님께서 과거의 모든 부처님들이 마귀를 항복시키던 마가다국 바사산에서 여름안거를 하시던 때였다. 하루는 사리불과 함께 산마루를 거니시다 게송으로 이렇게 읊으셨다.

한 마음 가다듬고 자세히 들으라.
광명과 큰 삼매[57]와
위없는 모든 공덕 다 갖춘 이가
이 세상에 반드시 나타나리라.

---

57) 삼매: 한마음으로 진리를 생각하고 마음을 고요히 하여 흐트러짐 없는 상태.

그가 묘한 법문 설할 때에는
누구나 만족함을 얻게 되어
목마른 사람이 물을 마시듯
재빨리 해탈을 이룩하리라.

그 때 사부대중은 길을 고르고 물을 뿌리며, 향을 피우고 공양 올릴 여러 가지를 가지고 와서 부처님과 사부대중에게 바쳤다. 사부대중들은 마치 효자가 그 어버이를 쳐다보듯, 부처님을 오직 공경하는 마음으로 우러러 뵈었다. 또 목마른 사람이 물을 생각하듯 법의 어버이이신 부처님을 한 마음으로 생각하였다. 그리고 부처님께 정법을 청하고자 모든 감관을 고요히 가라앉히고 오직 한 마음으로 부처님을 우러러 눈과 마음을 기울였다. 그때 비구 · 비구니 · 우바새 · 우바이와 천인 · 용 · 귀신 · 아수라 · 건달바 · 가루라 · 긴나라 · 마후라가 등 모든 사람 아닌 대중들도 자리에서 일어나 부처님 오른쪽으로 돌며 땅에 엎드려 우러러 눈물을 흘렸다.

그 때 지혜제일인 사리불이 옷을 단정히 하고 공손하게 오른쪽 어깨를 걷었다. 사리불은 범왕이신 부처님의 마음을 잘 알고 따르며 부처님의 가르침을 배우는데 충실한 제자였다. 그는 곧 부처님을 잘 보필하는 중신이며 법을 잘 지니는 대장이었다. 사리불은 마침내 중생들을 불쌍히 여기고 그들의 괴로움을 풀어주기 위하여 부처님께 이렇게 여쭈었다.

"부처님이시여, 부처님께서는 조금 전에 산 위에서 가장 지혜로운 이를 게송으로 찬탄하셨습니다. 그런 일은 일찍이 어떠한 경으로도 말씀하신 적이 없었습니다. 이제 이모든 대중들이 눈물을 흘리며 목마르게 원하는 바는 이다음 세상의 부처님이 감로와도 같은 도를 열어주시는 일에 대해 부처님께서 말씀해 주시기를 바라는 것이옵니다. 그 부처님은 이름이 미륵이고, 그 공덕이 몹시 크고 깊으며 그 부처님 세계의 장엄이 얼마나 미묘한지에 대해 지금 부처님께로부터 말씀을 듣고자 합니다.

부처님이시여, 저 미륵보살을 뵈오려면 장차 어떻게 선근을 심어야 하며, 계와 보시와 정과 지혜와 지혜의 힘을 어떻게 닦아야 합니까? 또 어떤 마음으로 여덟 가지 바른 길을 닦아야 하겠습니까?"

사리불이 이렇게 말씀드릴 때 백 천의 하

늘임금과 수없는 범왕은 공손하게 합장하고 이구동성으로 부처님께 여쭈었다.

"부처님이시여, 바라옵건대 저희들로 하여금 이다음 세상에 가장 위대한 과보를 받아 삼계의 눈이 되고, 광명이 되실 미륵부처님을 뵙게 해주십시오. 그리고 미륵 부처님께서 중생들을 위해 설하시는 큰 자비의 법문을 듣게 해주십시오."

팔부의 대중들도 공손하게 깍지끼어 합장하고 부처님께 청하였다. 그 때 범천왕이 모든 범천의 대중들과 더불어 합장하고, 함께 소리 내어 게송으로 이렇게 찬탄하였다.

모든 것 원만하여 둥근 달 같고
열 가지 힘 갖추어
정진대장 용맹 크시며

다 아시는 분께 귀의합니다.

시방삼세 뛰어넘어
세 가지 밝은 지혜로
네 마귀 항복 받으셨네.

육신은 법의 그릇, 마음은 허공
유와 무, 비유와 비무
이 모든 것에 흔들림 없고
공한 법 통달하시니

온 세상 누구나 찬탄하옵고
저희들 한마음으로
성심껏 귀의하오며
바른 법 듣사옵기 원하옵니다.

그 때 부처님께서 사리불에게 말씀하셨다.

　"내 이제 너희들에게 두루 설명하노니 잘 듣고 생각할지어다.

　여래의 무상도인 마하반야[58]에 대해 듣고자 하는 너희들의 갸륵한 마음을 여래는 마치 손바닥에 놓인 구슬을 들여다보듯 환히 아느니라. 과거세의 일곱 부처님이 계시던 곳에서 부처님 이름을 듣고 공양 예배하여 위대한 공덕을 쌓고 업을 깨끗이 한 사람이라야 미륵 부처님의 크나큰 자비로 더없는 도심을 얻게 되느니라.

　너희들은 이제 지극한 정성으로 합장하

---

58) 마하반야(摩訶般若) : 보통 대혜(大慧)라고 번역하는데 제법실상(諸法實相)을 비추어 아는 지혜로 열반 삼덕의 하나.

여 미래세의 교주인 미륵 부처님의 큰 자비
에 귀의할지니라. 내가 너희들을 위하여 자
세히 설하리라.

　미륵 부처님의 세계는 깨끗하기 짝이 없
는 삶이라 거짓과 아첨이 없는 세계이니라.
보시 · 지혜 · 반야바라밀을 닦지만 얽매이
거나 집착하지 않는 세계이며, 미묘한 열 가
지 큰 원으로 장엄된 국토이다. 그래서 그
나라 중생들은 다 부드러운 마음으로 살게
되느니라. 또 미륵 부처님의 큰 자비는 껴안
아 거두는 힘이 있어서 저 세상에 태어나는
중생들은 모두 감관을 잘 다스리고 길들이
며, 부처님의 교화를 따르지 않는 사람이 없
느니라.

　사리불아, 그 때에는 사해의 수면이 3천
유순이나 줄어들고, 염부제의 땅은 폭과 길

이가 만 유순이나 되며, 유리 거울처럼 평평
하고 환히 비칠 것이다. 또 대적의화 · 열가
의화 · 우담발화 · 대금엽화 · 칠보엽화 ·
백은엽화 등이 피어 있다. 꽃술은 하늘비단
처럼 곱고 연하며, 열매는 상서로운 기운과
온갖 향기, 진기한 맛을 지녀 하늘 솜처럼
부드럽도다.

우거진 숲 속 나무엔 꽃들이 활짝 피어있
고, 맛있는 열매 또한 가지마다 아름답게 달
려 있는데, 나무들이 서 있는 숲의 길이는
무려 30리나 되는 광대한 숲이라 도솔천 환
희 동산보다 훨씬 좋으니라.

좋은 집들이 즐비한 도시와 도시는 서로
연결되어 있어서 닭이 그 위를 날아다닐 것
이다. 이는 모두가 부처님께서 지금 거룩한
씨앗을 심고 자비를 행하신 결과이다.

이 공덕으로 말미암아 다 함께 저 나라에 태어나서 지혜와 거룩한 덕, 그리고 오욕의 모든 것을 다 누리며 아주 즐겁고 편안하게 사느니라.

그리고 석가여래 때에 받은 아홉 가지 고난이 없고 질병이 없어 8만 4천세를 누리니 일찍 죽는 일이 없느니라.

그곳에 나는 사람은 모두 키가 열여섯 길이나 되고, 언제나 몹시 편안하고 즐겁게 깊은 선정에 머물며, 모든 것을 다 악기 삼아 다루느니라. 오직 세 가지 면하지 못하는 병은 음식을 먹어야 하는 일과 대소변과 늙고 죽는 일이다. 또 그곳의 여자들은 5백세가 되어야 시집가게 되느니라. 그 나라에는 시두발이라는 큰 성이 있는데, 성의 둘레는 사방이 1천 2백 유순이고, 높이는 7유순이며,

칠보로 장엄되느니라.

또 칠보누각은 단정히 장엄하고 오묘해 그 화려한 모습은 자랑스럽기 짝이 없다. 창문에는 아름다운 여인들이 줄지어 서서 진주그물을 손에 쥐고 다시 여러 보배로 꾸민 노리개를 그 위에 덮고, 보배방울을 빽빽하게 달아서 하늘나라의 음악처럼 아름다운 소리를 항상 울릴 것이다.

또 칠보나무가 줄지어 서 있고, 나무와 나무 사이에는 칠보개울과 샘물이 있느니라. 거기엔 빛깔이 서로 다른 물들이 찬란한 빛을 내면서 함께 흐르므로 서로 엇갈리고 빗겨가게 되지만, 조금도 막히거나 방해되지 않고 천천히 흐를 것이다.

개울 양쪽 가에는 금모래가 깔려 있고, 폭이 12리나 되는 길은 하늘 동산처럼 물 뿌리고 쓸어서 깨끗하느니라. 그곳에 복덕과 위력을 두루 갖춘 다라시기라는 용왕이 있을 것이다.

연못 근처에 있는 그의 궁전은 칠보누각처럼 밖으로 나타나 있는데, 용왕은 밤이면 항상 사람으로 변해 상서로운 힘이 있는 큰 병에 향수를 담아다 땅 위에 뿌릴 것이다. 그래서 온 땅의 길들은 기름으로 칠한 것처럼 윤이 나고, 깨끗해져서 길을 다닐 때 먼지가 조금도 일어나지 않느니라.

저 세상 사람들은 복덕이 많으므로 거리나 길, 어디든지 그들이 있는 곳이면 밝은 구슬기둥이 있어 해처럼 빛을 내는데, 사방 80유순의 거리를 환히 비추어 주느니라.

황금빛의 그 빛이 찬란하므로 밤과 낮의 구별이 없어지고, 등불과 같은 빛들은 그에

비하면 먹빛처럼 어둡게 보일 것이다. 바람이 때때로 불어와 밝은 구슬 기둥을 스치면 보배영락이 비 오듯 쏟아지는데, 이 영락을 사람들이 걸치면 3선천⁵⁹⁾과 같은 즐거움을 누리느니라.

곳곳마다 금, 은, 구슬 등 온갖 보배가 가득하게 산더미처럼 쌓이고 보배산에서는 광명이 늘 흘러나와 성 안을 골고루 비추어 줄 것이다. 사람들은 이 광명을 만나면, 다 기쁨에 넘치고 보리심을 일으키게 되느니라. 또 발타바라사새가라는 큰 야차신이 있는데, 이 신은 밤낮으로 시두말성과 그 도시에 사는 사람들을 보호하고, 온 땅을 물 뿌리고 쓸어 언제나 깨끗하게 하느니라.

---

59) 3선천(三禪天): 색계 4천의 하나.

그 나라에서는 대소변을 볼 때 땅이 저절로 갈라지며 마치고 나면 땅이 다시 닫혀서 붉은 연꽃이 피어나와 더러운 것을 가려줄 것이다. 또 늙어 죽을 때가 되면 스스로 산속에 들어가 나무 밑에 앉아 안락하고 깨끗한 마음으로 부처님을 생각하고 염불하다 목숨을 마치면 대개 대범천이나 부처님 세계에 태어나리라.

　온 세상이 오직 평화로워 도둑의 근심이 없고, 도시나 시골이나 문을 잠글 필요가 없다. 또 늙고 병드는데 대한 걱정이나 물, 불로 인한 재앙이 없으며 전쟁과 가난이 없고, 짐승이나 식물로 인한 독과 해가 없느니라. 또 서로 자비스런 마음으로 공경하고 자식이 어버이를 공경하듯, 어미가 아들을 사랑하듯, 언어와 행동이 지극히 겸손하니 이는 다 미륵 부처님이 자비하신 마음으로 깨우치고 이끌어주시는 까닭이니라.

살생하지 않는 계행을 지켜, 고기를 먹지 않으니 저 세상 사람들의 감관은 조용하고 평온하다. 얼굴 모습은 단정하고 위엄이 두루 갖추어져 하늘 동자가 내려온 것 같으니라.

이 밖에도 뭇 보배로 된 작은 성들이 수없이 많은데, 시두말성은 그 한가운데 있어 작은 성들의 으뜸이 되느니라. 남녀의 친족이 서로 멀리 떨어져 있어도 가까이 지내는 것처럼 볼 수 있으니 이것은 미륵 부처님의 위신력으로 아무런 걸림이 없는 까닭이다. 밤에 빛나는 야광마니 여의주 꽃은 온 세계에 활짝 피어있다. 칠보꽃·발두마꽃·우발라꽃·구물두꽃·분다리꽃·만다라꽃·마하만다라꽃 · 만수사꽃 · 마하만수사꽃 등 꽃비를 내려 땅에 흩뿌릴 것이다. 거기에 때때로 바람이 불어와 그 꽃들을 하늘에 날리어 나부끼게 하느니라.

그곳 도시나 시골의 연못 · 샘 · 개울 · 늪 등지에는 여덟 가지 공덕을 갖춘 팔공덕수가 가득하며 명명새와 거위 · 오리 · 원앙 · 공작 · 앵무 · 물총새 · 사리새 · 목소리 고운 비둘기 소리 · 나기바사 · 배쾌견조 등의 새들이 묘하고도 어여쁜 소리로 노래할 것이다. 그리고 다른 수많은 새들도 어여쁜 목소리로 숲과 연못에서 노래하며 떼 지어 놀 것이다. 또 금색무구정광명화, 무정혜일광명화, 선백칠일향화, 여섯 가지 빛과 향기가 나는 담복꽃 등이 피어 있다.

땅과 물에서 나는 백 천만 꽃들이 푸른색

에서는 푸른빛을 내고, 노란 색에서는 노란 빛을 흰 색에서는 흰 빛을 내는데 그 향기가 정결함은 비길데 없고, 빛과 향기는 밤낮으로 이어져 조금도 시들거나 그치지 않을 것이다. 또 여의과수가 있어 아주 좋은 향기가 온 나라에 퍼지고, 향나무의 금빛이 보배산 사이로 나와 온 나라를 비추니 여의향이 가득하느니라.

그 때의 염부제는 향기로운 산에 사는 것처럼 좋은 향기가 진동하며, 시냇물은 아름답고 기묘하여 단맛이 나고 모든 병을 다 가시게 하느니라. 때를 맞추어 비가 오니 하늘동산처럼 모든 것이 다 잘되기 때문에 향기로운 벼를 한 번 심어 일곱 번을 거두게 되느니라. 모든 곡물은 무성하게 자라고 잡초는 생기지 않으며 중생들은 본래 지은 복덕

과 과보로 해서 곡식이 저절로 입에 들어가
소화되고, 백 가지 맛이 나고 향기로우니 감
미롭고 기운이 나느니라.

그 시대에는 양거라는 전륜성왕이 있을
것이다. 그는 네 종류의 군사를 거느리고 있
지만 무력으로 세상을 다스리지는 않을 것
이다. 그는 32상을 지녔고, 또 혼자서 천 명
을 이기는 용맹하고 단정한 아들 천 명이 있
어 모든 원수들과 적은 그들 앞에 스스로 무
릎을 꿇으리라.

양거왕에게는 일곱 가지 진기한 보배가
있으니, 금수레·흰 코끼리·감색 말·신
기한 보배구슬·미인보배·곳간을 맡은
신·병사를 맡은 신들이다.

첫째, 코끼리는 살과 통과 테를 다 갖추었
으며, 둘째 흰 코끼리는 몸뚱이가 설산처럼

희고 네 다리와 코와 어금니를 땅에 뻗치고
서 있으면 그 엄숙한 모습이 큰 산 같고, 셋
째, 감색 말은 갈기와 꼬리가 붉고 발굽 아
래 꽃이 피어나며 발굽과 발톱은 칠보로 되
어 있느니라. 넷째, 신기한 구슬은 언제나
환히 보이는 밝은 빛인데 크기는 두 팔뚝 깊
이만 하고 그 빛으로부터 온갖 보배가 비내
려 중생들의 마음을 기껍게 한다. 다섯째,
미인 보배인 옥녀는 그 얼굴이 비할 데 없이
아름답게 생겼으며 살결이 한없이 부드러
워 마치 솜처럼 뼈가 없는 듯 하느니라. 여
섯째, 보배곳간을 맡은 신은 입으로 보배를
내놓고 발 아래로 보배를 비처럼 내리고 양
손으로도 한없이 보배를 쏟아 놓느니라. 일
곱째, 병사를 맡은 신은 그 몸을 움직일 때
마다 네 가지 군사가 구름처럼 허공에서 쏟

아져 나와 천 명의 아들과 칠보와 국경과 백
성을 마치 어머니가 아들을 사랑하듯 보살
피느니라.

그 때 천 명의 왕자가 각각 진기한 보배
로 궁전 앞에 칠보대를 세울 것이다. 깃대의
높이는 30유순이고 서른 겹의 벽이 있으며,
천 개의 머리와 천 개의 바퀴를 달아 허공이
건 어디건 마음대로 다니게 하느니라. 또 네
개의 큰 곳간이 있는데 각각 4억 개의 작은
보배 곳간으로 사방이 둘러 싸여 있을 것이
다. 곧 이발다라는 곳간은 건다라국에 있고,
반축가 곳간은 미제라국에 있고, 빈가라 곳
간은 수라타국에 있고, 양거 곳간은 바라나
국의 신선이 살던 고선산에 있으리라.

이 네 개의 큰 곳간은 스스로 문이 열려
큰 광명을 나타낼 것인데 길이와 폭이 천 유

순이고 보배가 가득하게 차 있을 것이다. 큰 보고의 둘레에는 작은 보고들이 4억 개가 둘러싸고 있고, 네 마리의 큰 용이 지키고 있으며, 큰 곳간과 작은 곳간은 저절로 솟아올라 연꽃처럼 보일 것이다. 그러면 사람들이 나와서 보고에 가득찬 보배가 지키는 사람도 없이 있는 모양을 보아도 탐내는 마음이 조금도 생기지 않느니라. 오히려 돌이나 흙더미를 보듯하며 이렇게 말할 것이다.

'부처님께서 말씀하신 것처럼 옛날 중생들은 이 보배 때문에 서로 해치고 도둑질하고, 거짓말하고 속이면서 생사고뇌의 인연을 지었노라. 이렇게 거듭해 업이 두터웠기 때문에 드디어 지옥으로 떨어진 것이다.

시두말성은 보배그물로 그 위를 덮고 보배방울로 장엄하였으며, 바람이 살랑살랑

불면 방울이 흔들려 아름답고 고운 종소리
가 이렇게 울릴 것이다. 부처님께 귀의하라.
부처님의 가르침에 귀의하라. 거룩한 스님
들께 귀의하라.'

이 때 성 안에는 바라문의 지도자인 수범
마도인이 범마발제 부인과 살고 있었다. 부
인은 성격이 아주 온화하고 부드러워 미륵
보살이 그들을 부모로 하여 태어날 것이다.

미륵은 어머니의 태중에 있을 때에도 도
솔천 궁전에 있을 때와 다름없이 큰 광명을
비치어 더러운 것들에 아무런 걸림이 없으
리라. 그리하여 붉은 금빛으로 빛나는 몸에
32상을 갖추고 태어나 보배연꽃 위에 앉은
모습을 중생들이 바라보고 또 바라보지만
지나치거나 싫증나는 법이 없다.

몸에서 황홀한 광명이 흘러나와 마주 쳐

다볼 수도 없을 것이니, 이는 사람도 하늘도 일찍이 본 적이 없는 놀라운 광경이니라. 그 육신의 힘도 한량없어 마디마디의 힘이 용이나 코끼리보다 더 세 헤아릴 수 없느니라. 그리고 털구멍마다 한없는 광명이 비치는데 그 찬란한 빛으로 인해 달과 별, 저 하늘의 해, 불과 구슬의 빛도 제대로 드러나지 않고 마치 티끌처럼 하찮게 보이느니라.

그 키는 석가모니 부처님의 80팔뚝이나 되고, 가슴둘레는 25팔뚝이며, 얼굴 길이는 12팔뚝 반, 코는 곧고 우뚝하게 솟았으며, 몸매는 단정하기 짝이 없어 온갖 상호를 갖추었다. 그 낱낱의 상에는 8만 4천의 좋은 모습이 각각 장엄하여 온 몸이 금불상과 같으니라. 그 8만 4천의 좋은 모습마다 광명이 흘러나와 천 유순이나 멀리 비친다.

그 눈은 맑고 깨끗해 푸른 동자와 흰 자위가 분명하게 아름다우니 광명이 항상 몸을 둘러 백 유순의 둘레를 덮을 것이다. 해·달·별·진주·구슬과 칠보로 된 나무들이 다 밝게 빛나지만 부처님의 광명이 한번 나타난 뒤로는 다른 광명은 감히 제 빛을 드러내지 못하느니라. 미륵불의 몸이 높이 드러나 마치 황금산 같으니 보는 이는 누구나 세 가지 나쁜 세상을 벗어나게 되느니라.

그 때 미륵보살은 세간의 중생들이 5욕[60]의 죄악과 근심으로 고통받고, 생사의 고해에 빠져 헤매는 모습을 보고 심히 가련하고 불쌍하게 여겨 모든 것이 다 괴롭고 헛되고

---

60) 5욕: 색(色), 성(聲), 향(香), 미(味), 촉(觸)의 5경(境)에 집착해서 일으키는 다섯 가지 정욕. 또는 재물욕, 색욕, 음식욕, 명예욕, 수면욕을 뜻하기도 함.

덧없는 이치를 관찰할 것이다. 그리하여 세속의 명리를 즐기지 않고 속된 살림을 싫어하여 감옥처럼 여길 것이다.

그 때 양거왕이 모든 대신과 백성을 이끌고 칠보대에 있는 천 개의 보배장막과 천 개의 보배난간, 천억 개의 보배방울과 천억 개의 보배기와 천개의 보배항아리를 가지고 와 미륵보살에게 바칠 것이다. 미륵보살은 이것을 받아 여러 바라문에게 줄 것이다. 바라문들이 이것을 받자마자 곧 깨뜨려서 서로 나누어 가지게 되는데, 바라문들은 미륵보살의 위대한 보시를 보고 기이한 마음을 일으키느니라. 미륵보살은 이 보배누대가 잠깐 사이에 덧없이 부서지는 것을 보고 세상의 모든 유위법[61]이란 다 사라지고 없어

61) 유위법(有爲法) : 인연에 의해 이합집산하고 생멸하는 법.

지는 것임을 다시 한번 깨달을 것이다. 그래서 덧없다는 생각에 깊이 잠겨 과거세의 부처님들께서 말씀하신 감로 같은 게송을 찬탄할 것이다.

이 세상 모든 일의 덧없음이여
그것이 나고 죽는 생멸의 법인가.
나고 죽음 다하여 없는 곳 가면
고요하고 하염없는 참 즐거움 있네.

이 게송을 읊고 곧 출가하여 금강장엄 도량인 용화보리수 아래 앉아 도를 닦으실 것이다. 그 나뭇가지는 갖가지 보배용을 드리우리라. 그 꽃잎들은 칠보의 보배빛을 내고 각각 다른 빛깔의 열매가 열려 중생들을 즐겁게 하는데, 그 기묘함은 하늘과 인간, 그 어디에도 비길 수 없느니라. 나무의 높이는 50유순이고, 나뭇가지와 잎에서는 찬란한 빛을 발산할 것이다. 미륵보살이 출가할 때 많은 바라문을 이끌고 용화도량에 가면 저절로 머리털이 깎이니, 집안이나 권속 등 세속의 일을 잊고 도를 닦을 것이다.

이른 새벽에 집을 나와 그날 초저녁에 네 마귀를 항복시키고 아뇩다라삼먁삼보리를 이룬 뒤 게송으로 이렇게 말할 것이다.

중생고 생각한 지 오래었거니
벗어나게 못해서 안타까웠다.
내 이제 깨달음을 얻었거니
돌연히 한 번에 걸림없구나.

중생은 본래 공한 것

바탕의 실다움 또한 알았고
근심과 괴로움 전혀 없으며
자비를 펴는데 한계 없도다.

내가 그대를 구제하고자
나라와 눈과 머리
처자와 팔다리 온갖 것들을
수없이 한없이 보시했도다.

그래서 이제 해탈 얻었고
더 위 없는 적멸궁 굳건하거니
감로의 밝은 법문 연설하여서
암흑의 그대들을 인도하리라.

보시·계율·지계를 닦아
여섯 가지 큰 인욕 얻고

크고 또 큰 자비를 행하였기에
물들지 않는 큰 공덕을 성취하였네.

　게송을 읊고 미륵 부처님이 묵묵히 앉아
있을 때, 모든 하늘과 용,귀신왕들이 그 모
습을 드러내지 않고 네 가지 꽃비를 뿌려 부
처님께 공양할 것이다. 그 때 삼천대천세계
가 여섯 가지로 진동하고 부처님을 뵈올 수
있게 되느니라.
　또한 석제환인[62] · 호세천왕[63] · 대범천
왕[64]과 무수한 하늘 임금들이 저 꽃동산에

62) 석제환인: 수미산 꼭대기에 있는 도리천의 주(主)인 제
　　석천.
63) 호세천왕: 호세사천왕. 수미세계에 딸린 4주를 수호하
　　는 지국천왕, 증장천왕, 광목천왕, 다문천왕.
64) 대범천왕: 초선천의 왕. 범왕이라고도 함. 사바세계를
　　차지한 천왕으로 키가 1유순 반, 수명은 1겁 반이라 함.

서 머리숙여 미륵 부처님의 발아래 절하고 합장하며 불법을 간절히 청할 것이다. 그 때 미륵 부처님은 묵묵히 듣고 있다가 이렇게 말하리라.

'내가 생사의 긴 어두움 가운데 고뇌 속을 헤매다 6도[65]를 닦아 오늘에야 법 바다에 불법을 가득 채워 진리의 북과 나팔을 울리고 법을 말하게 되었거니 이제 마땅히 너희들을 위해 바른 법을 설하리라.

모든 부처님께서 말씀하신 8성도[66]는 하늘이니, 인간이 전할 수 없고, 알 수 없는 것이다. 그 진리는 평등하고 두루한 것이어

---

65) 6도: 6바라밀인 보시, 지계, 인욕, 정진, 선정, 지혜를 말함.

66) 8성도(八聖道): 8정도라고도 함. ①정견(正見) ②정사유(正思惟) ③정어(正語) ④정업(正業) ⑤정명(正命) ⑥정정진(正精進) ⑦정념(正念) ⑧정정(正定).

서 더 위없이 높고 하염없는 무위열반[67] 의 경계에 도달하여 생사의 긴 어둠 속을 헤 매던 중생들의 고뇌를 끊어 주느니라.

이 법은 심오해 얻기도 어렵고 들어가기 도 어려우며, 믿기도 어렵고 알기도 어려워 온 세상에 능히 알 사람도 없고 볼 사람도 없다. 오직 마음의 때를 남김없이 닦아야만 저 억 만 가지의 거룩한 행을 얻을 수 있느 니라.'

미륵 부처님이 이렇게 말씀하시는 동안 다른 세계에서 온 수많은 백 천만 억의 하늘 남자와 하늘 여인, 대범천의 왕들이 하늘궁 전에 와서 하늘 꽃과 하늘 향을 부처님께 바 치고 부처님을 백 천 바퀴 돌고, 땅에 엎드

---

67) 무위열반: 올바르게 수행하고 깨달아 불생불멸의 경지 에 이른 상태.

려 절한 다음 합장하고 부처님께 설법을 청할 것이다.

그때 하늘나라의 갖가지 악기들은 저절로 울리고 모든 법왕들은 한소리로 다음과 같은 게송을 읊을 것이다.

긴 세월이 헛되이 갔나이다.
부처님 아니 계시어
무수한 중생
악도에 떨어졌나이다.

세간에는 눈이 없었고
삼악도만 성하여
하늘나라 갈 수 없었고
그 길이 끊겼나이다.

부처님 이제 오시니
삼악도 사라졌고
지상극락 이루었나이다.
하늘나라 또한 거룩하였나이다.

간절히 바라옵건대
감로법문 설해 주시와
중생의 애착심 끊어주시고
열반 얻게 하여 주소서.

저희들 범천왕이
법왕님 뵈온 뒤부터
궁전이 더 화려하옵고
저희 몸의 광명 또한 더하옵니다.

시방중생 진정 위해 스승님께 간청하오니,

감로법문 들려주시와
진리의 법 수레를 굴려 주소서.

이 게송을 마치고 머리 조아려 절한 뒤 합
장하고 은근히 다시 세 번 간청할 것이다.
오직 원하옵니다. 부처님이시여, 깊고 미묘
한 법문을 말씀하시와 중생들의 고뇌의 뿌
리 뽑아주시고, 삼독을 여의게 하오며, 네
가지 악도의 모든 나쁜 일을 깨뜨려 주시옵
소서.
　그 때 부처님은 모든 법왕들을 위해 빙그
레 웃으시고 다섯 가지 광명을 비추시며, 묵
묵히 허락하실 것이다. 그리하여 모든 하늘
사람과 무량대중이 부처님께서 설법을 허
락하시자 기뻐 춤추며 뛸 것이다.
　그 좋아하는 모습은 마치 지극한 효자가

숨이 이미 끊어진 부모가 다시 살아났을 때 기뻐하는 듯하느니라.

기쁨에 넘친 하늘 대중들은 부처님을 오른쪽으로 돌고 돌면서 공경하고 사모하기를 한없이 하다가 각각 한 쪽에 물러 앉아 있을 것이다.

그 때 대중은 이렇게 생각하리라.

'비록 천억 년을 두고 오욕락을 다 채운다 해도, 마침내는 삼악도를 면하지 못하리라. 부모, 형제, 처자, 재산으로도 어찌할 수 없고 세상 모든 것 또한 애오라지 덧없는 것, 목숨 역시 영원한 것이 아니로다. 내 이제 부처님의 법에 의지하여 깨끗한 수행을 닦으리라.'

그리고는 다시 이렇게 생각할 것이다.

'비록 수없는 세월을 두고 다섯 가지 욕락

을 즐겨, 사선천의 무상천[68]과 같은 수명을 누리면서 아름다운 여자들과 즐겁게 놀고, 부드러운 살결과 고운 몸의 아름다움을 마음대로 즐긴다 하더라도 마침내는 늙고 죽어 없어질 것이다. 그리고는 다시 삼악도에 떨어져 한량없는 고통을 받을 게 아닌가. 즐거움이란 순간에 지나지 않고, 꼭두각시와 같은 것, 실다운 존재가 아니고는 말할 만한 것이 못된다.

지옥에 들어가면 큰 불길 속에 빠져 백 천 만 겁의 한량없는 고통을 받지만, 빠져나올 길이 없는 것이니 중생의 세계는 이같이 무서운 고통을 벗어날 수 없는 것이 아닌가?

---

(68) 무상천: ①무상정(無想定)을 수행함으로 얻는 경지. 외도는 이것을 최고 열반의 경지로 생각함. 일체의 마음 작용을 끝낸 하늘로서 오랜 시간 뒤에 마음작용을 다시 일으킨다고 함. ②무상천에 태어난 중생.

내 이제 부처님을 만나 뵙고 부지런히 정진하리라.

그 때 양거왕은 이렇게 찬탄할 것이다.

하늘나라 즐거움도 다할 때에는
지옥의 불길 속에 떨어지리니
우리도 어서어서 출가하여
부처님의 바른 법 배우고 익히세.

게송을 마치고 양거왕은 8만 4천 대신과 함께 부처님을 공손하게 둘러쌀 것이다. 양거왕은 전륜성왕을 보내 화림원 용화수 밑에 계신 미륵 부처님을 찾아뵙게 할 것이다. 전륜왕은 미륵 부처님을 찾아뵙고 세속을 떠나 불법을 배우려는 생각으로 부처님께 절하고 나면, 머리를 들기도 전에 머리카락과 수염이 저절로 떨어지고 가사가 입혀져서 곧 사문[69]이 되느니라.

미륵 부처님은 양거왕과 8만 대신과 여러 비구들이 공손히 둘러싼 가운데, 하늘·용 등 여덟 신중을 거느리고 그 나라의 서울인 시두말성에 들어갈 것이다. 부처님이 그 성의 문턱을 넘자마자 갑자기 사바세계가 여섯 갈래로 크게 진동할 것이다. 그 때 염부제의 땅은 금빛으로 변할 것이며, 시두말성의 중앙은 금강으로 이루어졌으리라. 과거 여러 부처님들이 앉으셨던 금강보좌가 나타나는데, 뭇 보배 나무들이 줄지어 솟아오르며, 하늘로부터 탐스런 보배꽃이 쏟아진다. 용왕들은 여러 가지 악대를 꾸며 연주하고, 입으로 갖가지 보배꽃을 뱉으며, 온 몸

69) 사문(沙門): 출가한 수행자.

의 털구멍으로도 많은 꽃비를 내려 부처님
께 공양 올릴 것이다.

　부처님께서 이 자리에서 진리의 법을 설
하시리니 이른바 온갖 것은 늘 괴로운 것이
라는 고성제와 모든 괴로움의 원인이 번뇌
라는 집성제, 괴로움을 여읜 열반에 대한 진
리인 멸성제와 열반에 다다르는 닦음의 진
리인 도성제를 설할 것이다. 또한 깨달음을
성취하는 37조도품을 말씀하시고 무명으로
인해 행이 있고, 행으로 인해 식이 있고, 식
으로 인해 명색이 있고, 명색으로 인해 육입
이 있는 것, 육입으로 인해 촉이 있고, 촉으로
인해 수가 있고, 수로 인해 애가 있고, 애로
인해 취가 있으며, 취로 인하여 유가 있고, 유
로 인하여 생이 있으며, 생으로 인하여 늙고,
죽고, 근심, 걱정, 슬픔과 괴로움 등이 생기는

12인연의 진리를 말씀하시느니라.

　그 때 땅이 여섯 가지로 크게 진동하여 삼천대천세계를 울릴 것이다. 그 울리는 소리가 한량없이 퍼지면서 아래로는 아비지옥까지 들리고 위로는 색구경천[70]까지 들릴 것이다. 그 때 사천왕들은 각각 수많은 귀신들을 이끌고 와서 높은 소리로 이렇게 찬탄할 것이다.

　부처님 태양처럼 빛나시니 진리의
　감로 또한 내리니
　세간의 눈이 이제야 열리었네.
　온 세계의 팔부대중이여
　우리도 부처님께 인연 있어

---

70) 색구경천(色究竟天): 색계 18계의 하늘로 사선천(四禪天)의 맨 위.

부처님의 높은 법문
이제야 듣고 알게 되었네.

또 33천과 야마천, 도솔타천과 화락천과
타화자재천 등의 하늘범천과 하늘임금과
대범천의 하느님이 각각 자기가 다스리는
국토에서 큰 소리로 말하리라.

부처님의 태양
이 세상에 나오사
감로의 법비를 내려 주시니
세상의 눈이 이제야 열렸네.
인연있는 모든 중생
누구든 듣고 알고 기뻐하겠네.

또 모든 용왕과 팔부신중·산신·나무

신·약초신·물신·바람신·불신·땅
신·성을 지키는 신·집을 지키는 신들도
기뻐 날뛰며 이렇게 큰 소리로 외칠 것이다.
또 총명하고 지혜로운 수많은 바라문들이
불법에 귀의하여 세속을 버리고 도를 닦을
것이다. 또 수달다라는 장자가 있는데, 이
사람은 바로 지금의 수닷타장자[71]이다.

이 사람도 8만 4천의 사람들과 함께 세속
을 버리고 도를 배울 것이다. 사달다와 부란
나형제도 8만 4천의 사람들과 함께 출가할
것이다. 또 범단말리와 수만나라는 두 대신
은 임금이 지극히 사랑하는 대신들인데 이들
도 8만 4천의 사람들을 거느리고 부처님께

---

71) 수닷타장자: 석가모니 부처님 당시 사위성의 부호. 기
원정사를 지어 부처님께 드렸음. 또 가난한 이에게 많
은 보시를 하여 급고독이라고도 함.

귀의하여 세속을 버리고 도를 닦을 것이다.

사미바제라는 전륜왕의 부인은 바로 지금의 비사카모[72]인데, 그 역시 8만 4천의 시녀들을 거느리고 출가할 것이다.

양거왕의 태자 천금색은 지금의 제바바나 장자인데, 그는 권속 8만 4천명을 데리고 출가하여 도를 배울 것이다. 또 미륵 부처님의 친척 가운데 바라문인 수마제는 매우 총명하고 슬기로운 이로서 지금의 울다라 선현 비구니인데, 6만 명의 무리를 이끌고 부처님의 법에 귀의하여 출가할 것이다.

양거왕의 1천 왕자 가운데 단 한 사람만 남아서 왕위를 계승하고, 999명의 왕자들은 다 8만 4천 명의 무리를 이끌고 부처님

---

72) 비사카모: 아들인 비사카와 함께 온 가족이 출가하여 수행했으며, '녹자모'라고 불림.

께 귀의하여 세속을 버리고 도를 배울 것이다.

이처럼 한량없는 중생들이 5음⁷³⁾이 불길처럼 일어 시달리는 세속의 괴로움을 관찰하고, 모두 다 미륵 부처님의 거룩한 법에 귀의하여 출가하게 되느니라. 그 때 미륵 부처님이 큰 자비심으로 대중에게 이렇게 말씀하실 것이다.

너희들이 이제 하늘나라의 즐거움과 인간세상의 즐거움을 다 원하지 않고, 내게로 와서 오직 생사의 괴로움을 여읜 열반을 얻기 위해 부처님의 법으로 온 것은 다 전세의 부처님 법에 귀의해 갖가지 선근을 심은 공덕이 있기 때문이다. 일찍이 석가모니 부처

---

73) 5음(五陰): 색, 수, 상, 행, 식이 모여 물질계와 정신계에 두루 온갖 인연으로 작용하는 것.

님께서 오탁악세[74]에 나타나셔서 갖가지로
꾸짖고 채찍질해 주시며, 그대들을 위해서
법을 말씀해 주셨느니라. 그러나 그대들은
어떻게 할 수 없었으므로 다만 오늘날 나를
만나 내세의 인연만을 심어 주셨느니라. 그
리하여 내가 이제 그대들을 거두어 교화하
는 것이다.

　이들 가운데 어떤 사람은 경전을 읽고 외
우고 해득하고, 계율과 논장을 익혀서 남을
위해 설해 주고 그 깊은 뜻을 찬탄한다. 질
투심을 내는 법 없이 오직 남에게 잘 가르
쳐 불법을 지니게 한 공덕으로 오늘날, 내가
있는 바로 이곳에 태어났다. 또 어떤 사람은
옷과 음식을 보시하고 계행과 지혜를 닦는

---

74) 오탁악세(五濁惡世): 다섯 가지 부정이 꽉 차 있는 악
　　한 세상.

공덕을 쌓아 오늘날, 내가 있는 이곳에 태어났다. 또 어떤 이는 악기와 기와·일산·향·꽃·밝은 등불 등을 부처님께 공양한 공덕으로 오늘 이곳에 태어났다. 어떤 이는 스님들께 음식을 보시하고, 절을 세우며, 의복·음식·의약·침구 등의 네 가지를 공양하고 8재계를 지키고 자비심을 닦아 기른 공덕으로 오늘 이곳에 태어났다. 어떤 이는 중생이 괴로움을 당하는 것을 보고 깊은 자비심을 일으켜, 스스로 그 괴로움을 받고 저들에게 즐거움을 돌려준 공덕으로 오늘 이곳에 태어났다. 어떤 이는 인욕과 계행을 지키고, 깨끗하고 자비스런 마음으로 자비스런 마음을 길러 이런 공덕 때문에 오늘날 이곳에 태어났다. 어떤 이는 탑을 세우고 사리를 공양하며, 부처님의 법신을 생각한 공덕으로 오늘 이 자리에 태어났느니라. 어떤 이는 재액과 가난, 고독 등의 괴로움을 받는 사람이나 다른 사람에게 얽매이고 국법의 다스림을 받거나 형벌을 당해 죽게 된 사람, 여덟 가지 재난을 불러오는 업을 지어서 큰 괴로움을 받는 중생들을 보고, 저들의 고통을 구제하고 벗겨 준 공덕으로 오늘 이곳에 태어났다.

어떤 이는 지혜롭고 서로 사랑하는 사람들끼리 이별하게 된 것, 때를 지어 송사를 일으켜 큰 고통을 받는 중생들을 복 좋은 방편으로 화합하게 한 공덕으로 오늘 이곳에 태어났느니라.

미륵 부처님은 또 석가모니 부처님을 이렇게 찬탄할 것이다.

'거룩하시도다. 오탁악세에서 백 천만 억

의 온갖 악한 중생들을 교화하시어, 그들로
하여금 선근을 닦아 오늘 이곳에 태어나게
하셨도다.'

미륵 부처님은 이렇게 세 번 석가모니 부
처님을 찬탄하고 난 다음, 다시 게송으로 찬
탄하느니라.

잘 참고 용맹하신 도사님이여
다섯 가지 온갖 악이 가득 찬 저 세상에서
악한 중생을 교화하시어
오늘 바로 이 자리에 오게 하셨네.

중생들의 괴로움 대신하였고
이제는 열반에 드시었지만
저들을 이곳에 오게 하시니
네 가지 큰 진리 알게 하리라.

서른일곱 가지의 깨닫는 법과

열반 길 장엄하는 12인연을

그대들을 위해서 말하리니

무위법[75] 관찰하고 열반에 들라.

 게송을 읊고 나서는 다시 또 이렇게 찬탄할 것이다.

 '제 때의 중생들이 괴로움이 가득 찬 악세에 살면서 어려운 일을 하였다. 탐욕과 성내는 마음, 어리석음으로 인해 미혹되고 단명한 저 세상 사람들로 하여금 계를 지니고 도를 닦아 모든 공덕을 짓게 하셨으니, 매우 어렵고 드문 일이로다. 그 때의 중생들은 부모와 사문과 바라문을 알지 못하고, 법을 알

---

75) 무위법(無爲法): 생멸의 변화를 여읜 절대 초월의 경지.

지도 못하며, 서로를 헐뜯는 마지막 세상이 가까워 오는 때여서 다섯 가지 욕심에만 깊이 집착하였다. 질투하고, 아첨하고, 거짓되고 간사해 남을 불쌍히 여기는 마음이 조금도 없으며, 서로 죽이고 피를 마시고 고기 먹기를 즐겨 하였느니라. 스승도 공경할 줄 모르고, 좋은 벗도 사귀지 않으며, 은혜도 갚을 줄 모르는 오탁악세에 태어난 사람들은 부끄러움도 없이 밤낮으로 악한 짓을 계속하지만 조금도 거리낌이 없었다.

그리하여 오역[76]의 죄를 한없이 지어 마치

---

76) 오역(五逆): 1) 소승의 5역죄 ①부친 살해. ②모친 살해. ③아라한 살해. ④화합된 승가를 파괴. ⑤부처님 몸을 상해. 2) 대승의 5역죄 ①탑을 무너뜨리고 경전을 불태우며 삼보의 재물을 훔치는 것. ②삼승의 가르침을 비방하고 소홀히 하는 것. ③승려를 욕하거나 승려를 부리는 것. ④화합 승가를 파괴하는 것. ⑤인과의 도리를 믿지 않고 열 가지 착하지 않은 업을 행하는 것.

물고기의 비늘처럼 죄가 잇달아 붙어 있지만, 잠깐도 싫증내는 마음이 없었다. 9족과 친척 사이에도 서로 구제하는 일이 없는 말세였다.'

석가모니 부처님께서 거룩한 방편과 깊은 자비심으로 괴로움이 들끓는 저 중생계에 들어가 화평한 얼굴과 자비스런 모습으로 나투시고, 실다운 말씀과 묘한 지혜로 이렇게 말씀하셨다.

"내가 장차 그대들을 제도할 것을 미리 보여주었느니라.

이처럼 부처님의 밝고 날카로운 지혜는 세상에 있을 수 없는 일이며, 심히 만나기 어려운 일이로다.

부처님께서 악세의 중생들을 매우 불쌍히 여기시어, 그 괴로움을 없애주시고 마음을 편히 쉬게 하시어, 가장 깊은 절대의 법성[77]에 들어가도록 하셨도다.

석가모니 부처님께서 3아승지겁을 두고 그대들을 위해 머리를 보시하고, 귀·코·손·발과 몸뚱이를 찢어 보시하는 등 온갖 괴로움을 받으셨지만, 이것은 오직 그대들로 하여금 거룩한 팔성도를 밟아 해탈하도록 하게 하시니라."

미륵 부처님은 이러한 말씀으로 한량없는 중생들을 위로하여 한없이 기쁘게 할 것이다.

'저 세상의 중생들은 그 몸이 그대로 순수한 법의 몸이고, 마음도 또한 순수한 법의 마음이라 입으로 항상 법을 설할 것이다. 복

---

77) 법성(法性): 우주의 모든 현상이 지니고 있는 진실 불변한 본성. 진여(眞如)의 다른 이름.

덕과 지혜를 갖춘 이가 가득하며, 하늘사람들이 공경하는 마음으로, 마치 목마른 이가 물을 구하듯 부처님 법을 믿고 받아 지니느니라.'

그 때 부처님이 저들에게 그들이 옛날에 받았던 괴로움을 들려주시려고 이렇게 생각하시리라.

'다섯 가지 욕심은 깨끗하지 못한 것으로 모든 괴로움의 근본이다.

이제 근심 걱정과 원한을 없애고, 괴롭거나 즐거운 세속의 모든 일이 다 덧없는 것임을 깨닫게 하리라.'

이런 생각을 하시고, 색·수·상·행·식이 다 괴롭고 공하고 덧없고, 나라는 생각조차 없는 이치를 말씀하실 것이다.

이 때 96억 인이 번뇌를 여의고 어떤 법

에나 구애되지 않고 아라한이 되어 삼명[78)]을 얻고 여덟 가지 해탈을 갖추며, 36만 명의 천인과 20만 명의 천녀가 아뇩다라삼먁삼보리심을 일으키리라. 그 밖에도 천인, 용, 팔부신중 가운데도 수다원의 경지에 이른 자와 벽지불이 될 인연을 심은 자와 무상도심을 일으킨 자가 헤아릴 수 없이 많을 것이다.

그 때 미륵 부처님이 96억 명의 거룩한 비구와 양거왕의 8만 4천 대신과 모든 권속들에게 둘러싸여 있을 터인데, 그 모습은 마치 달이 뭇 별들에게 둘려 싸인 것 같다. 미륵

---

78) 삼명(三明): 아라한의 지혜를 갖춘 자의 신통하고도 묘한 작용. 6신통의 숙명통, 천안통, 누진통에 해당하는 숙명명, 천안명, 누진명을 말함. ①숙명명; 자기와 남의 지난 세상을 아는 능력. ②천안명; 자기와 남의 다음 세상일을 알고, 공간에 걸림이 없이 모두를 볼 수 있는 능력. ③누진명; 현재의 고통을 알아서 번뇌를 끊는 지혜.

부처님이 이렇게 시두말성으로 부터 다시
화림원의 층층으로 된 누각으로 돌아오시
면 염부제 여러 나라의 성과 시골에 있는 소
왕들과 장자들과 잘 살고 못살거나 귀하고
천한 모든 사람들이 용화수 아래 있는 화림
원으로 모이느니라.

 그 동산에서 부처님은 거듭 사성제와 십
이인연법을 설하실 것이다. 이때에도 또 94
억 인이 아라한도를 얻고, 다른 세계에서 온
하늘과 팔부신중, 64억 항하사처럼 많은 사
람들이 아뇩다라삼먁삼보리심을 얻어 불퇴
전[79]의 경지에 들 것이다.

 또 세 번째의 법회에서도 92억 인이 아라
한도를 얻고, 34억의 하늘과 8부 신중이 아

---

79) 불퇴전(不退轉): 이미 얻은 지혜 공덕에서 물러나지 않
   는 경계.

녹다라삼먁삼보리심을 일으키느니라.

미륵 부처님이 사성제의 깊고 묘한 법을 설하시어 하늘과 사람들을 제도하시고, 여러 성문제자와 하늘·용·팔부신중과 온 대중들을 이끌고 성 안에 들어가서 걸식하시면, 수많은 정거천[80)의 대중들이 부처님을 공경하여 뒤따를 것이다.

그 때 부처님께서 열여덟 가지의 신통을 나투어 몸 아래에서는 마니구슬처럼 보이는 물이 나와서 광명의 깃발로 변해 시방세계를 두루 비친다. 몸 위로는 불이 나와 수미산처럼 높이 솟고, 불에서는 자색 금빛의 광명이 나와 허공에 가득하리라. 이것이 다시 유리로 변해 이처럼 큰 몸이 다시 작아져

---

80) 정거천: 색계 제 사선천(四禪天)에 있는 천상으로 성자만이 거처하는 곳.

서 겨자씨만 해지고는 다시 보이지 않게 되
느니라. 또 부처님의 모습은 시방세계에 나
타났다가 사라졌다가 하니, 모든 사람들로
하여금 다 부처님의 모습으로 보이게 하며,
이러한 갖가지 신통을 한없이 나투심으로
인연이 있는 모든 사람들로 하여금 다 해탈
을 얻게 하실 것이다. 그리하여 석제환인과
32대신, 욕계의 모든 하늘임금과 범천왕, 색
계의 모든 천왕들과 천인·천녀들이 하늘
나라의 영락과 옷을 부처님의 머리 위에 뿌
려 공양할 것이다. 그 하늘 옷들은 꽃 일산
으로 변하며, 하늘나라의 온갖 악기들이 저
절로 울려서 부처님의 거룩하신 덕을 노래
로 찬양하리라. 또 전단향을 비처럼 내려 부
처님께 공양하느니라.
　온 시가와 언덕, 길가에는 수많은 깃발을

세웠고 이름 있는 갖가지 향을 사루어 온 성
안에 그 연기가 구름처럼 떠 있느니라.

부처님께서 성 안에 들어서실 때, 범천왕
과 석제환인이 공손히 합장하고 다음과 같
은 게송으로 부처님을 찬양할 것이다.

바르고 두루하신 부처님이시여
하늘이나 인간계 어느 세계든
견줄 이 없이 희유하시니
위없이 거룩하신 복 밭입니다.

공양하는 이 하늘나라에 태어나고
이 다음 미래세에 열반락을 받나니
큰 정진으로 수행하신 부처님
자비롭기 그지없는 거룩한 스승님께
귀명합니다.

또 동쪽 하늘임금인 제두뢰타와 남쪽 하
늘임금인 비류륵차, 서쪽 하늘의 임금인 비
류박차와 북쪽 하늘임금인 비사문왕이 그
권속들과 함께 공손히 합장하고 깨끗한 마
음으로 부처님을 이렇게 찬탄할 것이다.

　삼계에 견줄 이 없고,
　자비롭기 그지없는 부처님이시여,
　중생이 부처님 뵈올 줄 몰라
　생사의 길고 긴 밤 거듭 헤맬 뿐
　삼악도 험한 길을 돌고 또 돌며
　때로는 여자의 몸 받았나이다.

　오늘날 이르러
　부처님 나투시니
　중생의 괴로움을 벗겨주시고

편안함과 즐거움 베푸오시니

삼악도 가는 길은 좁아지고
여자의 삿된 버릇 없어져서
모두 다 한마음으로 쉬고
편안함을 주셨나이다.
최상의 높은 진리 다 아시오나
중생의 추한 모습 보시지 않네.
모든 법 차별성을 두지 않으사
다 함께 공한 진리의
본래 성품 자리에 머물러
무소유[81]에 자리하시네.

용맹한 큰 정진을 행하셨지만
하는 일 없으시고 흔적 없으니

81) 무소유(無所有): 공(空)의 다른 이름.

저희들 한 마음으로
자비로운 부처님께 귀의합니다.

더 없는 열반락을 갖추시옵고
자비로 구제하는 부처님이시여
저희에게 안락을 주시기 위해
이 세상에 일부러 오셨나이다.

부처님께서 보살행을 닦으실 적에
즐거운 일을 다 보시하였고
살생이나 해치는 일 안하셨으며
오직 대지처럼 묵묵히 참으셨나이다.

저희들 오늘날 머리 조아려
인욕의 도사님께 예경합니다.
저희들 오늘날 머리 조아려

자비스런 대장부께 예경합니다.
나고 죽는 모든 괴로움 벗어나시어
중생의 온갖 액난 뽑아 주시니
불길 속에 솟아 오른 연꽃인 듯
세간에 견줄 이가 없사옵니다.

이처럼 게송으로 찬탄하는 가운데 부처님께서는 차례로 걸식하신 후, 여러 수행자들을 이끌고 본처로 돌아와 깊은 선정에 드시니, 7일 낮, 7일 밤을 움직이지 않으실 것이다. 미륵 부처님의 제자들은 하늘의 천인들처럼 그 모습이 조용하고 단정하다. 나고 병들고 죽는 것을 싫어하고, 많이 듣고 널리 배워 법을 잘 지켜, 깊은 선정을 닦아서 마치 새끼새가 알을 깨고 튀어나오듯, 온갖 욕심을 벗어나느니라.

그 때 석제환인과 모든 하늘사람들이 기뻐 어쩔 줄 모르고 높이 뛰며 게송으로 찬탄할 것이다.

세간의 큰 의지처이신 대도사시여
지혜로 온 누리를 밝게 보시고
하늘을 뛰어넘는 지혜 공덕과
온갖 것 다 갖추신 복 밭입니다.

바라옵건대 저희 중생 생각하시와
제자들 이끄시고 저 산에 가시어
석가모니 부처님의 수제자이신
고행제일의 마하가섭께 공양 올리고

지난날의 부처님 가사 뵈오며
법문 듣고자,

전생에 지은 악업 참회하옵고
깨끗한 선근 공덕 얻게 하소서.

　그 때 미륵 부처님은 사바세계에서 전생
에 거칠고 억세어 교화하기 어려웠던 중생
들인 큰 제자들을 이끌고 기사굴산으로 갈
것이다. 그 산 밑에 이르러 조용한 걸음으
로 천천히 낭적산의 산마루에 오르시어 엄
지발가락으로 산을 누르면 온 땅이 열 여덟
가지로 울릴 것이다.

　산마루에 오른 미륵 부처님은 전륜성왕
이 성문을 여는 것처럼 힘들이지 않고 기사
굴산을 쪼개어 두 손으로 열어 놓을 것이다.
그 때 범천왕은 하늘의 향기름을 가지고 와
서 마하가섭의 이마에 붓고 향수로 목욕시
킨 후, 큰 종을 울리고 큰 나팔을 소리내어

불며 하늘음악을 연주할 것이다.

그러면 마하가섭이 곧 멸진정[82]으로부터 깨어나 옷을 바로 하고 오른 어깨를 드러내고, 오른 무릎을 땅에 꿇고는 왼쪽 다리를 세워 꿇어앉은 뒤 합장하고 석가모니 부처님의 감사를 미륵 부처님께 올리며 이렇게 여쭐 것이다.

'큰 스승이신 석가모니여래, 아라한[83] 등 정각께서 열반에 드실 적에 이 가사를 저에게 주시면서 미륵 부처님께 드리라고 말씀하셨습니다.'

---

82) 멸진정(滅盡定): 모든 상대적인 생각을 모조리 없애버리는 선정. 따라서 모든 번뇌를 멸하는 선정임.

83) 아라한(阿羅漢): 부처님을 일컫는 10가지 호칭중의 하나로 마땅히 공양 받으실 분이란 뜻으로 응공(應供)이라 번역함.

이 말을 들은 대중들은 다음처럼 말할 것이다

'어찌하여 사람의 모습을 한 벌레가 이 산 꼭대기에 있어 추하고 작은 몸에다 사문의 옷을 입고 지금 부처님께 예배드리고 공경하는 것입니까?'

이 때 미륵 부처님께서 제자들에게 이렇게 말씀하시리라.

'이 사람을 그리 가볍게 보지 말라.'

꾸짖으시고 게송으로 이렇게 찬탄하실 것이다.

허울 좋은 공작새 보긴 좋지만
매나 솔개의 먹이됨을 피할 수 없고
흰 코끼리 억센 힘은 한량없지만
조그만 사자에게 오히려 죽네.

크기로야 용의 몸을 당할 수 있으랴만
금시조[84] 독한 새
이 큰 용을 잡아먹나니
크고 또 큰 자비를 행하였기에
때로는 여자의 몸 받았나이다.
인욕의 도사님께 예경합니다.

사람도 또한 그러니
크고 단정하고 흰 얼굴을 자랑하지만
칠보병 그릇 속에 똥을 담은 듯
더럽고 추한 실상 말할 수 없네.

여기 앉은 저 사람이 몸은 작지만

---

84) 금시조: 팔부중 가운데 '가루라'를 말함. 깃이 금색이므
로 금시조라 이름함. 양쪽 날개 넓이는 3백 6만리나 되
고 독수리처럼 사나운 성질을 가진 조류의 괴수로 용을
잡아먹고 산다는 상상의 새.

지혜가 황금같이 단련되었고
번뇌의 묵은 티끌 다 없어져서
생사의 괴로움을 벗어났도다.

불법을 보호하려 기다렸으며
하기 힘든 뭇 고생을 항상 닦아서
하늘이나 사람 중에 뛰어났으니
누구라도 그의 고행 짝할 수 없네.

일찍이 석가모니 부처님께서
유법을 오늘 내게 전하셨으니
마땅히 너희들은 한 마음 다해
합장하고 공경하여 예배할지어다

미륵 부처님은 다시 여러 비구들에게 이
렇게 말씀하실 것이다.

'석가모니 부처님께서 오탁악세의 세상에 나시어 중생들을 교화하셨다. 1천 2백 5십 인의 비구 가운데 가섭존자는 고행을 하기가 제일이었다. 그의 몸은 금빛으로 빛났고, 그 아내도 금빛 몸의 미인이었지만, 가섭존자는 출가하여 오로지 도만 닦았으며, 밤낮으로 정진하기를 머리에 타는 불을 끄듯 하였다. 가난하고 천한 중생들을 언제나 불쌍히 여겨서 행복하게 살도록 제도하여 준 거룩한 존자이다. 다만 법을 전하기 위하여 아직까지 이 세상에 머물러 있었느니라.'

　미륵 부처님의 이 말씀에 모든 대중들은 다 가섭존자를 예경할 것이다. 그때 미륵 부처님이 석가모니 부처님의 가사를 받아서 오른 손에 놓을 것인데, 겨우 두 손가락을 가릴 정도이고, 왼손을 덮어도 역시 두 손가락을 가릴 정도라 모든 사람들은 괴이하게 여기며 이렇게 탄식할 것이다.

'지난 세상 부처님의 몸이 저렇게 작았음은 모두 그 때 중생들의 업이 혼탁하고 교만했기 때문이다.'

미륵 부처님은 가섭존자에게 이렇게 말씀하실 것이다.

'그대가 신족통[85]을 나타내고 먼저 부처님의 경법을 설하도록 하라.'

그러면 마하가섭은 허공에 날아 열여덟 가지의 신통변화를 보일 것이다. 큰 몸을 나투어 허공을 가득 채우기도 하고, 몸이 아주 작아져서 갑자기 꽃다지 씨만큼의 크기로

---

85) 신족통(神足通): 6신통의 하나로 자재로이 날 수 있고 몸을 바꿀 수 있는 신통력. 신여의통(身如意通)이라고도 함.

줄어들기도 하며, 또 다시 작은 몸을 크게 나
투어 몸 위에서는 물줄기가 솟아오르고, 몸
밑에서는 불꽃이 흘러나오기도 할 것이다.

땅을 밟는 것이 물을 밟고 가는 것 같기도
하고, 물을 밟는 것이 땅을 밟는 것 같기도
하며, 허공에서 앉거나 눕기도 하고, 동쪽에
서 나타났다가 서쪽으로 사라지는 일, 서쪽
에서 나타났다 동쪽으로 사라지는 일, 혹은
남이나 북에서도 마찬가지의 일을 보이느
니라.

변두리에 나타났다 중앙에서 사라지기도
하고, 중앙에서 나타났다 변두리에서 사라
지기도 하며, 위에서 나타났다 아래에서 사
라지기도 하고, 아래에서 나타났다 위로 사
라지기도 하며, 허공 가운데 유리굴을 만들
기도 하리라.

또 부처님의 위신력에 힘입어 범음[86]의 목소리로 석가모니 부처님께서 말씀하신 12부 경전[87]을 설할 것이다.

설법을 듣고 난 대중들은 일찍이 듣도 보도 못했던 가섭존자의 신통과 법문을 놀랍게 생각하고 80억 인의 번뇌의 티끌을 여의고, 생사의 얽매임을 벗어나서 모든 법 가운데 있으면서 모든 법의 얽매임을 받지 않는 아라한이 될 것이며, 한없는 천인들도 보리심을 일으킬 것이다.

---

86) 범음: 청정한 음성.

87) 12부 경전: 부처님의 설법체계에 12갈래가 있으므로 모든 가르침을 총칭하여 12부경이라 함. ①장행설(長行說) ②중송설(重頌說) ③수기설(授記說) ④고기설(孤記說) ⑤무문자설(無問自說) ⑥인연설(因緣說) 비유설(譬喩說) ⑧본사설(本事說) ⑨본생설(本生說) ⑩고광설(古廣說) ⑪미증유설(未曾有說) ⑫논의설(論議說)

그 때 마하가섭은 부처님을 세 번 돌고 허공으로부터 땅에 내려와 절하고 이렇게 말하리라.

'모든 유위법은 다 덧없는 것입니다.'

그리고는 그 자리를 떠나 기사굴산의 제 자리로 돌아갈 것이며, 곧 그의 몸에 저절로 불이 일어나 열반에 들 것이다. 저 대중들은 마하가섭의 사리를 거두어 산꼭대기에 탑을 세울 것이며, 미륵 부처님은 이렇게 찬탄하실 것이다.

'거룩한 비구 가섭이여, 석가모니 부처님께서 항상 모든 대중 가운데 그대의 고행이 으뜸이라 찬탄하시었고, 선정을 잘 통달하여 해탈삼매를 얻은 이라 찬탄하셨노라. 그대는 비록 위대하고 놀라운 힘이 있지만, 결코 잘난 체 하는 마음이 없기 때문에 중생

들로 하여금 큰 기쁨을 얻게 하였으며, 항상 가난하고 비천한 사람들을 불쌍히 여기었도다.'

또 미륵 부처님이 가섭의 뼈를 보고 이렇게 말하였다.

'갸륵하도다. 큰 덕을 갖추신 석가모니 부처님의 큰 제자 가섭이여, 그대가 저 악한 세상에서 능히 거룩한 마음을 닦았도다.'

그러면 마하가섭의 뼈가 게송으로 말할 것이다.

두타행은 보배 곳간이고
계율은 감로와도 같으니
두타행을 잘 닦은 이는
죽음 없는 저 세계를 얻으리.

계를 착실히 지키는 것이
하늘나라 가는 길이며
계를 착실히 지키는 일이
열반의 즐거움을 얻는 도일세.

이렇게 게송을 읊으시고는 흐르는 물처럼 다시 탑 속으로 들어가시느니라. 그 때 설법하던 도량의 넓이는 80유순이요, 길이는 백 유순이며, 그 가운데 대중들이 혹 앉기도 하고 서기도 하였다. 그렇지만 가까이 있거나 멀리 있거나 모두가 다 부처님이 바로 자기 앞에 계시어, 자기 한 사람만을 위해서 설법해 주시는 것처럼 여겨지느니라. 미륵 부처님이 6만 세를 살다가 중생을 불쌍히 여겨 저들로 하여금 법안을 얻게 하시고 멸도할 것이다. 그 때 모든 하늘과 사람들이 부처님의 몸을 화장하여 장례를 지낼 것이며, 전륜성왕이 사리를 거두어 사천하로 나누어 각각 8만 4천의 탑을 모시도록 할 것이다. 그 정법은 6만 년 동안 계속되고, 상법은 2만 년 동안 머무느니라.

그대들은 더욱 정진하여 부지런히 닦고, 깨끗하고 거룩한 마음을 일으켜 모든 착한 일을 쌓으라. 그리하면 마침내 세간의 등불이시고 광명이신 미륵 부처님을 틀림없이 만나 뵙고, 부처님의 높은 법을 얻게 되느니라."

부처님께서 말씀을 마치시니 사리불과 아난존자가 자리에서 일어나 부처님께 공손히 절하고 무릎 꿇고 합장하고서 부처님께 여쭈었다.

"부처님이시여, 이 경의 이름을 무엇이라

하오며 어떻게 받들어 모시리이까?"

부처님께서 아난에게 말씀하셨다.

"네가 이제 잘 들었다가 하늘이나 사람을 위하여 널리 설하고 마지막까지 법이 끊어지지 않도록 하라. 이 경은 '중생으로 하여금 다섯 가지 대죄의 종자를 끊고 모든 업장과 몸과 마음을 괴롭게 해 생사에 유전하는 번뇌의 장애를 끊고, 자비스런 마음을 닦아서 미륵 부처님의 세상에 나도록 하는 경'이다. 이렇게 받아 지닐지어다. 또 이 경의 이름은 '중생들이 미륵 부처님의 이름을 듣고, 오탁악세에 태어나지 않고 다섯 가지 악도에 떨어지지 않게 하는 경'이니 이렇게 받아 지니라.

또 이 경의 이름은 '악한 말로 지은 죄를 부수어 그 마음을 연꽃처럼 깨끗하게 하며,

미륵 부처님을 만나게 하는 경'이니, 이렇게
받아 지니라. 이 경의 이름은 '자비스런 마
음으로 생명을 죽이지 않고 고기를 먹지 않
게 하는 경'이다.

또 이 경의 이름은 '석가모니 부처님이 옷
으로써 믿게 하는 경'이다.

또 이 경의 이름은 저 '부처님의 이름을
듣고, 여덟 가지 재난을 면하는 경'이니 이
렇게 받아지니라.

이 경의 이름은《미륵대성불경》이다."

부처님께서 사리불에게 이렇게 말씀하셨
다.

"내가 멸도 한 뒤 어떤 비구·비구니·우
바새·우바이·하늘·용·팔부신중들이
이 경의 이름을 듣고 받아지니고, 읽고 외
우며 공경하고, 법사를 공경하라. 그러면 모

든 죄업의 장애와 몸이나 마음을 괴롭히고 생사의 근원이 되는 번뇌의 장애를 다 깨뜨리리라. 미륵 부처님과 현겁의 1천 부처님을 뵈옵고, 세 가지 깨달음을 소원대로 성취하며, 여자의 몸을 받지 않고 바른 생각으로 세속을 떠나 큰 해탈을 얻게 되느니라."

이렇게 말씀을 마치시니 모든 대중들이 부처님의 이 법문을 듣고 크게 기뻐하며 부처님께 예배하고 물러갔다.